教师学习新视界丛书　　丛书主编　林正范

学生评价的原理与方法

张　敏　主编

ZHEJIANG UNIVERSITY PRESS
浙江大学出版社
·杭州·

前　言

　　本书是教师教育的一门新课程,主要阐述学生评价的原理、内容、方法及其在学校教育实践中的应用。

　　学生评价是教育教学过程的重要组成部分,对教育教学具有目标导向作用。在过去的教师教育课程体系中,学生评价的相关内容往往只包含在《教育学》课程的"教育评价"一章中,与学校评价、教师评价等内容混合,简单而概括。而教学中的教师又常常会因为教学时间的限制而给这一部分内容贴上"不太重要"的标签而予以简略。这使得许多新教师在走上岗位面对大量现实的学生评价问题时茫然无措。今天,相对独立的学生评价的课程设置为师范生学习学生评价的知识提供了途径和保障。

　　当前,我国中小学的课程改革仍在继续进行。改革不仅全面更新了教育目标、内容和方法,也对评价进行了新的建构。在教育教学实践及其相关教师培训中,人们也迫切需要新的评价观念和方法来指导解决实际问题。因此,迫切需要编著一本反映评价理论新发展,满足评价实践需求的学生评价的专门教材。

　　本书中,我们尽力做到以下几个方面:

　　1.完善结构。本书内容由学生评价的基本原理、学生评价的方法、学生体育学习评价、学生品德发展评价、学生学业成绩评价、学生评价中的心理效应与心理调控六部分构成。学生评价的内容不仅包括学生认知领域中知识掌握的评价,也包括学生身体、情感价值观等的评价,体现关注学生"生命全域"的评价新理念。

　　2.更新内容。本书尽力吸纳教育评价研究和实践的新理论、新观点、新问题和新案例。

　　3.联系实践。本书力求满足教育教学的实际需求,根据实际学生评价中所关注的问题来选择、处理和安排一些思考的问题。

　　4.优化体例。本书力求在体例安排上满足学生自主学习的需要,使教材也成为学生学习的"学材"。在每章之前列出本章的学习目标;每章之中穿插案例分析和相关链接;每章之后有内容概括,还设置了"拓展阅读"栏目,为学习者提供进一步拓展学习和阅读的空间。

　　在本书编写的过程中，我们参考了大量国内外学者的著作和论文，限于篇幅，书中只列出了主要参考文献，谨此对文献的作者表示衷心的感谢。

　　由于本人学识、水平和视野的限制，本书关于学生评价概念、理论和方法的介绍及叙述可能存在许多偏颇。恳请大家给予指正。

张　敏

2011 年 2 月

目　　录

第一章　学生评价的基本原理 ···················· 1

　　第一节　学生评价概述 ······················ 1

　　第二节　学生评价的理论基础及其评价涵义 ··········· 3

　　第三节　发展性学生评价 ····················· 11

　　第四节　学生评价的基本原则 ··················· 16

第二章　学生评价的基本方法 ···················· 21

　　第一节　学生评价的量化评价方法 ················ 21

　　第二节　学生评价的质性评价方法 ················ 24

第三章　学生体育学习评价 ····················· 44

　　第一节　学生体育学习评价概述 ················· 44

　　第二节　学生体育学习评价的原则和方法 ············ 49

　　第三节　学生体育学习评价的范例 ················ 57

第四章　学生品德发展评价 ····················· 66

　　第一节　品德评价概述 ······················ 66

　　第二节　品德评价的基本原则 ··················· 69

　　第三节　中小学品德评价的指标体系 ··············· 72

　　第四节　中小学品德评价的基本方法 ··············· 85

第五章　学生学业成就的测量与评价 ················ 92

　　第一节　学业成就测验的基本类型及其使用要求 ········· 92

　　第二节　教师编选课堂学业测验应当遵循的基本要求与程序 ··· 98

　　第三节　开放性学习活动的评价 ················· 107

　　第四节　学生测验结果的报告与解释 ··············· 112

第六章　学生评价中的心理效应与心理调控 ………………………………… 121

　　第一节　学生评价心理概述 ………………………………… 121
　　第二节　评价者的心理状态与调控 ………………………………… 123
　　第三节　被评价者的心理与调控 ………………………………… 128

参考文献 ………………………………………………………………… 134

第一章　学生评价的基本原理

【学习目标】

1. 理解学生评价的内涵与功能。
2. 了解学生评价的教育心理学理论,理解理论对评价实践的指导作用。
3. 理解发展性学生评价的含义、特点。
4. 掌握学生评价的内容。
5. 掌握学生评价的基本原则。

学生评价是教育评价最为重要的组成部分,是教育评价的核心,具有导向和教育作用,对促进学生的成长和发展有着重要的意义。教育部《基础教育改革纲要(试行)》指出:要"建立促进学生全面发展的评价体系。评价不仅要关注学生的学业成绩,而且要发展学生多方面的潜能,了解学生发展中的需求,帮助学生认识自我,建立自信,发挥评价的教育功能,促进学生在原有水平上的发展。"因此,正确把握学生评价的内涵与功能,反思传统学生评价中的问题,确立符合社会需要和促进学生发展的评价观念和评价标准,是学生评价改革的中心问题。

第一节　学生评价概述

一、学生评价的含义

学生评价是以学生为评价对象的教育评价,是评价者依据一定的标准,运用现代教育评价的一系列方法和技术,对学生的思想品德、学业成就、个性发展、情感态度、体质体能的发展过程和状况进行事实判断与价值判断的活动。

事实判断与价值判断是既有区别又密切联系的两个相互依存的过程。学生评价的价值判断建立在事实判断的基础上,价值判断以事实判断为手段,事实判断则以价值判断为导向。学生评价的事实判断是关于学生的状况与表现的描述性判断,也就是利用测量或非测量的种种方法,系统地收集资料,在此基础上对学生或学生的某种属性、行为表现等做出符合事实的判断。判断结果可以量化的分数出现,也可以定性描述的形式出现。通常学校所采用的一系列评定学生表现及成绩的方式,如考试与测验、实践与口头评价、教师实施的基于课堂的评价、档案袋等,其本身都是专注于事实层面的判断。而学生评价的价值性判断是解释性判断,主要回答"有什么意义"的问题,即在事实判断的基础上进行的对学生意味着什么的判断,是对学生发展意义的解释。

不同的学生评价模式隐藏着不同的教育价值观,蕴涵着不同的教育理念,覆载着不同的社会意义。一定的教育价值观对学生评价过程具有统整作用,它规定着学生评价内容的选择、方法的运用等。

合理而有效的学生评价是一个需要精心组织的活动过程,包括几个必要的环节:①学生评价的意图和目标是什么→②评价什么→③学生自身正在展露或形成的发展与熟练是如何展示的→④将采用哪些策略和技术→⑤谁将参与评价过程→⑥实施评价的时间与地点→⑦如何记录、收集及评估评价数据→⑧就哪种标准对结果进行评估。①

二、学生评价的功能和意义

1. 学生评价有助于教师了解学生学习和身心发展的状况

在尊重学生已有的学习和发展状况的基础上进行教育教学是因材施教的基本原则,也是取得教育成功的前提。通过学生评价,教师可以了解不同学生的身心发展与学习方面的状况,有针对性地采取教育措施,帮助和促进学生的成长与发展。例如,在特定的教学活动之前,教师可以通过问卷调查、小测验、师生对话、小组座谈等各种形式的诊断性评价来获取学生对该学习内容的知识和心理准备情况,包括学习兴趣、知识基础、学习态度、学习习惯、个性情感、达到预期的程度等,了解学生是否已具备参加预定教学活动所需要的知识与技能;在多大程度上已经达到预期的教学目标;学生的兴趣、习惯以及其他个性特征显示何种教学模式最为合适。由此,教师可以根据调查情况,把握学生的学习起点和发展状况,正确地确定教学目标,及时调整相关的教学内容、教学进度,选择恰当的教学手段与模式。

2. 学生评价有助于教师了解教学得失并改进教学活动

通过学生评价结果的分析,对学生学习达到预期教学目标程度的判断,教师可以得到有关教学情况的反馈信息,发现自己教学过程中的成功与疏漏。当教学比较成功的时候,教师就可以设法巩固已有的成绩。当教学活动与预期目

① Black J, Puckett M B. Authentic assessment of the young child: celebrating development and learning. New Jerscy: Merrill, 2000, 206

标有较大差距的时候,教师就要找出问题所在,及时改进自己的教学,提高教学质量。

3.学生评价有助于学生明确努力方向和调节学习过程

科学、合理的学生评价是对教育目标与课程目标的恰当把握,体现了对预期教学结果的明晰描述,能为学生发展提供比较明确的目标和努力的方向;同时,评价还为学生与他人比较提供了标准,是学生自我完善的重要参照和依据。通过评价,学生可以了解自身的发展情况,获得有关学习进步的反馈信息,反思发展中存在的不足和问题,从而激发学习的动机,不断依据目标调节自己的学习过程。同时,也使学生在比较鉴别中不断改进、发展和完善自我。

第二节　学生评价的理论基础及其评价涵义

一、"一元智力"理论及其评价涵义

传统的智力理论建立在统一的智力观基础之上,如智商理论(The Theory of IQ)和皮亚杰的认知发展理论(The Theory of Cognitive Development)都认为人类一切基本能力中存在着共同成分,这一共同成分是形成所有个体能力差异的基础,心理学家称之为"一元智力"或"G 因素"。根据"一元智力"理论的观点,智力是以语言能力和数理逻辑能力为核心的,以整合方式存在的一种能力。它可以通过智力测验被客观地测量,用一个智力商数来表示,简称智商(IQ)。并且,智力天生具有等级性,个体智力特点更多地源于个体遗传禀赋,遗传决定了个体智力发展所能达到的可能范围,后天的环境与个人努力则只是让个体处于此范围内具体的某种水平。个体不同的智力等级,造成了人们发展状况的差异。受这种智力理论的影响,20 世纪 60 年代以来世界各国教育内容的重点被定位为对学生的言语—语言智力和逻辑—数理智力的培养。相应地,学生评价的内容、方法等也被"一元"的框架所制约。

"一元智力"理论关于学生评价的涵义主要有以下几个方面:

(1)在人的智能中,语言智力和数理逻辑智力是最重要的。评价学生,首先要看这两种智力是否得到充分的发展。因此,学生评价的设计应当关注的是学生语言和数理逻辑能力的发展。

(2)从智力测验或考试中可以直接获得学生语言和数理逻辑能力发展水平的判断,对其他智能发展水平的评价,则可从测验或考试分数中间接推导出来。

(3)个体的智力发展可以通过标准化的智力测验获得客观的测量。同理,学校对学生的评估,毫无例外地可以采用以标准化纸笔简答为主要形式的能力测验。

（4）根据测验或考试的结果，可以进行学生智能发展水平等级的划定。测验或考试的分数越高，表明学生智能发展得越高；反之，则水平越低。

（5）智力测验的分数代表个体的智力差异，它对学生的在校学习成绩能够进行较好的评估和预测。

二、"多元智能"理论及其评价涵义

20 世纪 80 年代中后期以来，西方不少心理学家在批评传统智力理论的基础上提出了多元智能的观点，认为人具有多种智力，而且人的多种智力都与特定的认知领域或知识范畴紧密相关但又独立存在。美国心理学家斯腾伯格（R. J. Sternberg,1985）提出了智力的三元理论——人的智力由分析能力、创造能力和应用能力三个相对独立的能力方面构成，个体的智力差异主要表现为智力在这三个方面的不同组合。美国心理学家塞西（S. J. Ceci, 1990）提出了智力的领域独特性理论——从事不同学科领域研究或不同职业领域工作的人在智力活动方式上存在着明显差异，而这种差异并不说明一种智力比另一种智力优秀，只是说明不同行业的人们其智力特点和表现方式不尽相同。在挑战传统智力理论方面最彻底、在世界教育领域产生影响最深远的智力理论当属加德纳的多元智力理论。美国哈佛大学教授、发展心理学家加德纳在其"智力是在某种社会或文化环境的价值标准下，个体用以解决自己遇到的真正难题或生产及创造出有效产品所需要的能力"的基本定义基础上，提出了关于智力结构的新理论——多元智力理论。这一理论认为，智力并非像我们以往认为的那样是以语言能力和数理逻辑能力为核心、以整合方式存在着的一种智力，而是彼此相互独立、以多元方式存在着的一组智力，即言语-语言智力、逻辑-数理智力、音乐-节奏智力、视觉-空间智力、身体-运动智力、自知-自我反省智力、交流-人际交往智力、观察-辨别智力、存在智力等 9 种，它们都与特定的认知领域或知识范畴相联系。根据加德纳的观点，每个个体身上都同时拥有相对独立的 9 种智力，而这 9 种智力在每个人身上以不同方式、不同程度的组合使得每个人的智力各具特点。

视窗 1-1

加德纳基于多元智力理论的评价方法

1. 在语言智力评价中，要求学生：完形填空（填写文章中漏掉的词）；在班里朗读预先准备好的材料；录一段原声讲话；录一段模拟的访谈；口头翻译一段文章；辩论；讲故事；创造性写作；写诗；齐声朗读；写短文；写日志；完

成口头测验;支持一个展示工作的会议;设计个人书本;写日记;回答关于某一个主题的问题;对同伴演讲;完成口头或书面报告。2.在数理逻辑智力评价中,要求学生:算出某一符号的值;计算数学公式;总结段落大意;做图表;使用表格;用计算器计算问题;利用隐含的信息制作工作表;解决数字问题;向同伴解释抽象材料;概括具体事件;利用数据解决问题;转变一般模式和主题;完成多项选择题;制作问题工作表;设计行程安排;解决文章问题;实验;说明因果关系;创造性地使用统计和数据。

3.在空间智力评价中,要求学生:上颜色;画素描;画地图;使用地球仪;参加/创造相关游戏;制作雕刻;角色扮演;设想、解释情节;做模型;做三维物体;制作立体模型;为支持或反驳某个主题设计一个海报;制作公告板;装饰窗户;设计建筑物;设计软件程序。

4.在身体运动智力评价中,要求学生:计划去博物馆的旅行;设计户外活动课;参观图书馆或历史景点;创造戏剧;从事具阳刚之气的艺术活动;使用身体语言;参加运动;进行相关游戏和表演;举办家庭咖啡会;做滑稽动作;制作、发明产品;做实验;跳民间或自编舞蹈;完成家庭测验;设计学习中心;制作交互公告板;陈述;进行数学操作;做体操。

5.在音乐智力评价中,要求学生:发音、音调模仿;准备教室背景音乐;表演歌剧;描述爵士乐或摇滚乐的背景;上演音乐喜剧;制作一个音乐光板;创造一首歌曲;合唱;表演独奏乐、二重唱、三重唱;合成环境声音;形容乐器的音色;描述乐器声;吹口哨;表现音乐的颤动;创作一首能够增进记忆的歌曲;表演原创的抒情诗;为重大事件写歌曲;整合音乐和学习;创造性地使用韵律。

6.在人际关系智力评价中,要求学生:合作形成思想和解决方案;给同伴提供反馈;参加小组活动;参加较大的组;访谈某位专家;小组合作讲授概念;合作做出决定;准备学生主导的会议;校对同伴的文章、写评语;与老师合作项目;描述别人的动机;说明领导者的道德选择;参加家庭和社区工作;设计管理程序;参加讨论小组;描述一个特殊兴趣小组;说明那些解决问题的相互冲突的观点。

7.在内省智力评价中,要求学生:写特定主题的个人思考;记录关于班级讨论和阅读的日志;展示个人活动日程;制定个人方案;陈述你的思想和目的;写一个自己的故事;设想你一生的规划——包括成功与失败;写自传;出版一本书;说明自己的情绪过程;列一个兴趣表;说明目标设定的策略;完成某个主题的自我评价;在阅读课文中记录个人反应;设计个人职务;将个人的情绪情感与他人作对比;创作一个个人剪贴簿。

8.在自然智力评价中,要求学生:在自然界中收集数据;给自然界的标本做标签;收集器官;对从自然界中获取的数据和信息进行分类、排序;参观博物馆;参观自然历史景点;展示自然问题研究;完成自然实验;列出描述自然的单词;比较几位自然学者的陈述;解释放大镜、显微镜和双筒望远镜的使用方法;清楚地描述自然模式及其类似物。

资料来源:[美]Ellen Weber 著. 国家基础教育课程改革"促进教师发展与学生成长的评价研究"项目组译. 有效的学生评价. 北京:中国轻工业出版社,2003 年版,18—21

多元智能理论的学生评价涵义主要体现为以下方面:

(1)智力多维,评价全面。多元智力理论的本质是强调智力由同样重要的多种能力而不是由一两种核心能力所构成,各种能力是多维度地、相对独立地表现而不是以整合的方式表现。作为个体,每个人在不同方面、不同程度地拥有"一系列解决现实生活中实际问题,特别是难题的能力"[①]和"发现新知识或创造出有效产品的能力"[②],并表现为生活中各个方面的能力。因此,对学生的评价不只局限于传统认为的语言智力和数理逻辑智力,应充分了解学生的优势智力,进行多方面的评价,既重视评价学生的语言和数学逻辑智力,也要重视其他智力的发展,且各种智力无高低贵贱之分,它们在学生评价时具有同等重要的地位。

(2)评价的目的在于使学生了解各种智能发展的特点,而非综合性评定。"多元智能"理论认为,人的智能无所谓高低,只是各种智能的不同组合而已。对学生进行各种智能的综合评价是没有意义的,反馈给学生的综合评价分数,只是说明学生总体智能的发展水平,而不能说明各个智能发展的特点,因而不能对学生进行针对性训练。个体差异是不同智力及其组合特点的体现,评价应该关注的是类型而非程度。"多元智能"理论强调,人与人之间的差别,主要在于其所具有的不同智力及其组合特点。某一项或某几项智力表现相对突出,而其他几项相对逊色,这也正体现了人的学习类型及智力类型的独特性。评价应该将不同智能发展的特点反馈给学生,使学生了解自己独特的智能组合,并根据自己智能的特点,找到适合自己智能快速发展的方式。

(3)智力表现具有独特性,评价形式多样化。根据"多元智能"理论,不同的智力有各自独立的表现方式,每一个学生的智力也各具特点并有自己独特的表现形式。对学生的评价应该从智力的各个方面、通过多种渠道、采取多种形式、

[①]　Gardner H. Frames of mind:The theory of multiple intelligences. New York:Basic Books,1983

[②]　Gardner H. Multiple intelligences:The theory in practice. New York:Basic Books,1993

在多种不同的实际生活和学习情景下进行,并以此为依据选择和设计适宜的教学内容和教学方法。学生评价应当成为促进每一个学生充分发展的有效手段。

(4)智力是解决实际问题的能力,学生评价应体现情境性。"多元智能"理论认为,人的智能是在特定文化背景或社会中解决问题或生产及制造出社会需要的有效产品的能力,是以能否解决现实问题或生产制造出社会所需要的有效产品来体现的。因此,对学生的评价也应该在解决实际问题的情境下进行,只有在具体的问题情境中,在学生解决问题的过程中,才有利于观察学生展示的各种智能,评价其各种智能的发展状况,从而客观地评价学生的智能发展水平。教师应设置与现实生活接近的情境,让学生自己去探索,找到解决问题的途径和方法,并展示自己的智能。评价者在学生解决问题的过程中进行观察和记录,通过直接在学生解决问题的情境中观察学生智能的发展水平,而不是用间接推断的方法进行评估,从而保证评价的准确性。

(5)学生评价不仅要正确地预测学生的学习业绩,而且能够预测学生未来的发展。"多元智能"理论认为,采用适当的评价方法,在一定程度上能够预见学生未来的发展。从"多元智能"理论研究的基础看,它是从解决现实问题开始的,它探讨人类在解决实际问题中所具有的智能,并通过研究这些智能,对学生智能的发展给予恰当的预测,通过预测,为学生提供更适合"我"的课程,以促进学生更好地发展。同时,"多元智能"理论反对过早地给学生下结论。学生或许具有发展某种智能的潜能,或许还没遇到适宜的环境,一旦条件成熟,学生曾经表现平平的某种智能可能就会迅速发展成为优势智能。

(6)设计适应各科教学的"多元智能"评价方案。在分科教学中,每科教学都可结合自己学科的特点,把促进学生各种智能的发展作为教学目的,设计出相应的评价方案。如在历史学科的教学中,通过对课本中有关段落的理解与分析,评价学生语言智能和数学逻辑智能的发展;通过描绘某一战争的历史画面,评价学生空间智能的发展;通过角色扮演,并配以适当乐曲,评价学生身体运动智能和音乐智能;通过学生自己的思考与小组讨论,评价学生自我认识和人际关系智能的发展;通过在现实中寻找历史遗迹,评价学生探索自然的智能等。通过这些评价,了解学生智能发展的特点,因材施教,发展学生的优势智能,促进学生其他智能的发展。

三、成功智力理论及其评价涵义

斯腾伯格在其"三元智力"理论的基础上提出"成功智力"理论。他认为,成功意味着个体在现实生活中达成自己的目标。成功智力就是用以达成人生主要目标的智力,它能导致个体以目标为导向并采取相应的行动,对现实生活起着举足轻重的影响。成功智力包括三种成分：分析性智力、创造性智力和实践性智力。分析性智力用来解决问题和判定思维成果的质量；创造性智力可以帮助我们从一开始就形成好的问题和想法；实践性智力则可将思想及其分析结果以一种行之有效的方法加以实施。分析性智力、创造性智力和实践性智力是一个有机的整体，当分析、创造和实践能力三者协调、平衡时，成功智力的效用才最大。斯腾伯格指出，传统智力测验和学业测验所测的智力成分只是成功智力中的一部分，学业智力与实践性智力发展所遵循的规律是不同的。学业智力一般随着求学的进程而逐渐提高，随后便开始下降；而实践性智力却会随着年龄、经验的增长而逐步发展。根据成功智力理论，成功智力是分析性智力、创造性智力和实践性智力的协调平衡，它可以在学校教育背景下加以培养和发展，课程实施和评价体系的建立都应该考虑对学生成功智力发展的促进作用。为此，学生评价的实施需要注意以下问题：

（1）重视设计有利于发挥创造力的问题和任务。课堂上或测验中向学生提出的问题，不仅需要学生的表面记忆和分析性思维，而且需要综合创新与独立见解。这样的要求实际上也是对教师想象力和设计能力的挑战。

（2）重视结构性课程作业和表现性测验的应用。

（3）重视学生创新能力和实践能力的评估及其引导作用。对学生创造能力和实践能力的评估过程也是教学与训练的过程。在教学过程中，对创新能力和实践能力有良好表现的学生给予奖赏，能够引导和促进学生富有创意地学习和工作。值得注意的是，实施奖赏需要考虑的问题不在于教师是否同意学生的观点，也不在于学生的价值观与教师的价值观是否存在差异，而在于学生是否形成新的观点，能否反映所闻所见各种思想的综合，能否有学生自己独特的合理的思维方式。这样的评价，可能会在平时的学生评估问题上丧失一些客观性，但这也要比永远不让学生富有创意地学习和工作以保持评估的客观性来得重要。

四、最近发展区理论及其评价涵义

最近发展区是维果茨基社会文化理论的核心概念，最近发展区理论辩证地分析了教学、学习与发展之间的关系。根据维果茨基的解释，"最近发展区"是指学习者实际发展水平与潜在发展水平之间的距离。"儿童的实际发展水平以儿童独立解决问题的能力为标志，潜在发展水平以儿童在成人指导下或与能力较强的同伴间的合作中表现出来的解决问题的能力为标志。"[①]最近发展区概念

---

① Vygotsky L S. Thinking and speech. In：Rieber R W. The collected works of L S. Vygotsky. New York and London：Plenum Press，1987，375—383

的提出是维果茨基为了解决发展的内部自我推动机制与外部文化影响之间的张力这一理论难题而做出的尝试,它不仅阐明了个体心理发展的社会起源,突出了教学的作用,彰显了教师的主导作用,明确了同伴影响和合作学习对学生心理发展的重要意义,而且启发了对学生学习能力的动态评估。

1. 评估要能够反映学生的学习潜能

维果茨基反对静态的 IQ 智力测验,认为 IQ 测验虽然是比较好的预测工具,却不是理想的诊断工具。静态的智力测验所测的只是智力发展的已有结果,忽视了质量发展的过程,无视潜在能力的发展。理想的智力诊断工具应该能够综合反映学生的起始能力水平和可能的学习潜能,如在学习潜能评估中,跨越多个时间点观察学生的进步与改变情形,了解学生动态认知历程与认知能力变化的特点和潜能,采用测验—教学介入—测验的程序来测量学生的现实水平和学习潜能。

2. 重视评价者与被评价者的互动,实施个体化的诊断与教学补救

最近发展区思想强调评价与教学的结合,要求教师与学生之间充分的沟通与互动,教师持续评价学生教学反应与学习历程,了解学生在教学前后认知能力的发展与改变,了解学生远近不同的学习迁移,进而提供促进学生最佳发展和改变的教学介入与教育干预。

3. 评价要体现促进学生发展的增值功能

增值评价是不断肯定学生的每一点进步,使其逐步提高。每一阶段的教学和增值评价及反馈过程正是不断将"最近发展区"转变为现有水平,并不断创造新的更高水平的"最近发展区"的过程。各层次的学生在学习中都能体验到成功的喜悦,有助于增强学生的自信心,激发学生自主学习的积极性。是从起点看变化,并不断确定新的起点、不断评价新的变化,以不断肯定进步,促进不断发展,鼓励逐步提高。

4. 尝试分层式教学与评价

分层式教学和评价就是依据学生的基础、兴趣爱好、学习态度、学习能力等多方面因素对学生加以分班或分组,对不同层次的学生在教学的内容、教学的目标、教学的要求、教学的方法、教学的评价等环节上均有所区别,以达到全面提高质量和效率的目的。

视窗 1-2

中小学评价与考试制度改革的原则

1. 中小学评价与考试制度改革,要全面贯彻党的教育方针,从德、智、体、美等方面综合评价学生的发展,培养学生热爱党、热爱社会主义、热爱祖

国,诚实守信、助人为乐的高尚道德品质、终身学习的愿望和能力、健壮的体魄、良好的心理素质以及健康的审美情趣。

2.中小学评价与考试制度改革的根本目的是为了更好地提高学生的综合素质和教师的教学水平,为学校实施素质教育提供保障。充分发挥评价的促进发展的功能,使评价的过程成为促进教学发展与提高的过程。

3.对学生、教师与学校评价的内容要多元,既要重视学生的学习成绩,也要重视学生的思想品德以及多方面潜能的发展,注重学生的创新能力和实践能力;既要重视教师业务水平的提高,也要重视教师的职业道德修养;既要重视学校整体教学质量,也要重视在学校的课程管理、教学实施等管理环节中落实素质教育思想,形成生动、活泼、开放的教育氛围。评价标准既应注意对学生、教师和学校的统一要求,也要关注个体差异以及对发展的不同需求,为学生、教师和学校有个性、有特色的发展提供一定的空间。

4.评价方法要多样,除考试或测验外,还要研究制定便于评价者普遍使用的科学、简便易行的评价办法,探索有利于引导学生、教师和学校进行积极的自评与他评的评价方法。

5.对学生、教师和学校的评价不仅要注重结果,更要注重发展和变化过程。要把形成性评价与终结性评价结合起来,使发展变化的过程成为评价的组成部分。

6.重视学生、教师和学校在评价过程中的作用,使评价成为教育行政部门、学校、教师、学生和家长共同参与的交互活动。

资料来源:《教育部关于积极推进中小学评价与考试制度改革的通知》基〔2002〕26号

视窗 1-3

学生基础性发展目标和学科学习目标

1.基础性发展目标。

道德品质。爱祖国、爱人民、爱劳动、爱科学、爱社会主义;遵纪守法、诚实守信、维护公德、关心集体、保护环境。

公民素养。自信、自尊、自强、自律、勤奋;对个人的行为负责;积极参加公益活动;具有社会责任感。

学习能力。有学习的愿望与兴趣,能运用各种学习方式来提高学习水平,有对自己的学习过程和学习结果进行反思的习惯;能够结合所学不同学科的知识,运用已有的经验和技能,独立分析并解决问题;具有初步的研究与创新能力。

交流与合作能力。能与他人一起确立目标并努力去实现目标,尊重并理解他人的观点与处境,能评价和约束自己的行为;能综合地运用各种交流和沟通的方法进行合作。

运动与健康。热爱体育运动,养成体育锻炼的习惯,具备锻炼健身的能力、一定的运动技能和强健的体魄,形成健康的生活方式。

审美与表现。能感受并欣赏生活、自然、艺术和科学中的美,具有健康的审美情趣;积极参加艺术活动,用多种方式进行艺术表现。

2.学科学习目标。

各学科课程标准已经列出本学科学习的目标和各个学段学生应该达到的目标,并对评价方式提出了建议。

资料来源:《教育部关于积极推进中小学评价与考试制度改革的通知》基〔2002〕26号

第三节　发展性学生评价

2001年6月7日,我国国家教育部颁布了《基础教育课程改革纲要(试行)》(教基〔2001〕17号)(以下简称《纲要》),提出了新时期课程改革的总目标和具体目标。其具体目标有六个,其中第五个目标为"改变课程评价过分强调甄别与选拔的功能,发挥评价促进学生发展、教师提高和改进教学实践的功能。"此外,《纲要》的第14条中指出,要"建立促进学生全面发展的评价体系。评价不仅要关注学生的学业成绩,而且要发现和发展学生多方面的潜能,了解学生发展中的需求,帮助学生认识自我,建立自信。发挥评价的教育功能,促进学生在原有水平上的发展。"《纲要》还提出要"继续改革和完善考试制度";"考试内容应加强与社会实际和学生生活经验的联系,重视考察学生分析问题、解决问题的能力";"考试命题要依据课程标准,杜绝设置偏题、怪题的现象";"教师应对每位学生的考试情况做出具体的分析指导"等一系列要求。新课程的核心理念是"发展",学生评价改革的核心目标是更好地促进学生的发展,发展性学生评价是当代课程改革倡导和传播的学生评价新模式。

一、发展性学生评价的基本特点

1.评价目的:创造适合学生发展的教育

传统学生评价主要以"选择适合教育的学生"为目的,即"选择适合高一级学校学习的学生"为评价活动的宗旨。发展性学生评价则强调以创造适合学生发展的教育为评价的根本目的。通过评价了解和掌握学生各方面的情况,发现学生的潜能,激发学生的学习积极性,预测学生发展的可能性以及将来发展的方向,最大限度地促进学生的全面发展,促进学生的个性化发展,从而创造出适合学生发展的教育。正如美国学生评价专家帕雷斯和艾娅斯(S. G. Paris & L. R. Ayres)所指出的"针对学生的任何学生评价的根本目的,都在于促进学生有意义的学习;评价应该能够激发学生的学习动机,获得他们对评价情景和活动的认可,引发他们表现出真实的水平;评价应该给学生提供正确可信的结果,让学生对自己的能力和成就有清楚的认识;……所有的评价活动都应该保证时间上的连续性,要给评价活动的参与者和评价结果的使用者提供有关个体发展的纵向信息。"①

2.评价功能:强调改进与激励功能

学生处于不断发展变化的过程中,而教育的意义就在于引导和促进学生的不断发展和完善。长期以来,学生评价主要用于对学生进行区分和认定,其功能主要体现为鉴定甄别、选拔淘汰。发展性学生评价倡导"评价的目的不在证明,而在于改进"的思想,认为学生评价的作用不仅在于区分工作的优劣程度,更重要的是分析问题,找出原因,做出选择,对教育实践活动予以指导、调整和控制。发展性评价强调评价应关注学生学习过程,诊断学生成长中的问题。而且,评价不仅要考虑学生的过去,重视学生的现在,更应着眼于学生的未来,应力求通过评价促进学生在原有水平上的提高,以达到教育所要求的培养目标。同时,更要发现学生的潜能,发挥学生的特长,了解学生发展中的需求,帮助学生认识自我、发展自我,从而发挥评价的改进与激励功能。

发展性学生评价的改进与激励功能具体表现在以下几个方面:①反馈调节。将评价结果以具有建设性的方式反馈给学生,使其了解发展状况,尝试改进提高。②展示激励。将评价活动当作为学生提供一个自我展示的平台和机会,鼓励学生在各种评价活动中展示自己的努力和成绩。通过评价使学生看到自己的进步和成绩,获得进一步努力向上的动力。③记录成长。通过评价全面记录学生个体成长中的点点滴滴,描述学生成长的过程,总结发展中的经验,确立新的发展目标。④积极导向。发展性学生评价是与教学过程并行的,并渗透于每一个教学环节之中,引导着教学方式、学习方式的转变,有助于建构促进学生、教师、学校发展的课程发展模式。

3.评价主体:强调多元互动,他评与自评相结合

一直以来,学生评价的主体是学校、教师、家长等管理者,学生往往处于被动、消极的地位,表现出害怕、恐惧、逃避或对立、应付、冷漠等态度。发展性学

---

① ［美］帕雷斯等著,袁坤译. 培养反思力——通过学习档案和真实性评估学会反思. 北京:中国轻工业出版社,2001 年版,第 69 页

生评价重视以评价对象为主体,提高评价对象的参与意识与主体意识,发挥积极作用。因此,它强调评价主体多元化和评价信息的多源化,建立教师、学生、同伴、家长、教学管理人员共同参与的平等、开放、动态、互动的交互评价模式,尤其强调学生对评价过程的主动参与,鼓励学生在评价活动中自我反思、自我教育、自我发展。这种主体多元互动、他评与自评相结合的评价模式也有助于教师在评价过程中有效地对学生的发展进行监控和指导,帮助学生更好地接纳和认同评价结果。

4.评价内容和评价目标:注重基础性、综合性,关注个体差异

以往的学生评价过分关注学生知识和技能的获得情况,关注学生的学业成绩。发展性学生评价则要求在继承传统的基础性、一般性评价的基础上,对学生进行综合评价,关注学生的个体差异和个性化表现。评价不仅要重视智能上的广泛适应性,而且要体现身心素质的协调发展。因此,评价内容和评价标准不仅要涉及各科知识和技能的掌握情况,更重要的是要突出学生学习态度、创新能力、分析与解决问题的能力,以及情感体验、价值观等,实现知识与能力、过程与方法、情感态度价值观的全面、综合评价。同时,在保证学生评价标准的全面性、综合性、基础性的前提下,要尊重学生个体发展的差异性和独特性的价值,从多元的角度确立不同层面的评价指标和标准,激发学生内在发展的动力,帮助学生认识自我,明确自己努力的目标和标准。

许多学者依据发展性学生评价的理念,提出了特点不同的学生评价体系。有学者提出将学生评价内容分为一般性发展目标和学科学习目标两个大的方面。一般性发展目标是评定学生全面发展的基本素质的指标体系,包括道德品质、公民素养、学习能力、交流与合作能力、运动与健康、审美与表现等;学科学习目标是指经过学科学习应达成的基本目标。各学科课程标准已经列出了本学科学习的总体目标和各个学段学生应该达到的具体学习目标,并对评价方式提出了建议。在各学科的评价中都要重视知识与技能、过程与方法、情感态度与价值观三个方面的有机结合,综合评价学生的学习水平。有学者提出按照加德纳提出的九种智能(语言智力、数理逻辑智力、空间智力、身体运动智力、音乐智力、人际智力、内省智力、自然智力、存在智力)为评价的维度分别进行评价。还有学者主张将一般性发展目标与加德纳提出的九种智能融合进学科学习目标进行评价,以知识与技能为一级指标,过程与方法为二级指标,情感态度与价值观为三级指标,构建综合的评价目标体系。

5.评价方法:强调多样化评价手段,量化评价与质性评价相结合

在现实的评价中,学生评价的方法多采用量化评价,采用纸笔测验形式,以分数、等级为评价结果的表现形式。人们对于量化评价的重视,其原因是对科

学的顶礼膜拜,似乎认为只要目标分解了,加权赋值了,指标量化了,评价活动就科学客观了。但单一的量化评价存在把复杂教育问题简单化的倾向,抽象的数据无法体现学生发展的生动性、丰富性,以及鲜明的个性特征。同时,面对学生评价内容综合化的要求,单一的量化评价对学生发展的评定就表现出简单、僵化、表面化的特点。

发展性学生评价倡导评价方法的多样化,尤其强调质性评价方法的应用。质性评价主要是通过观察、调查、描述及解释等方式对评价对象的属性在概念或程度上进行说明。其特点在于能够全面、深入、真实地再现评价对象的特点和发展趋势。在量化评价的基础上结合质性评价,可以有效地描述学生全面发展的状况,也可以更有效地评定复杂的教育现象。因此,发展性学生评价倡导在运用考试、测验等量化评价方法评定学生的同时,要重视采用行为观察、成长记录或学习日记、成果展示、情景测验等开放式的质性评价方法,以全面、客观、公正地评价学生的发展,更清晰、更准确地描述学生的现状和进步。

二、发展性学生评价实施中要注意的问题

1. 协调学校层面与课堂层面的学生评价冲突

学生评价可以分为学校层面的学生评价与课堂学生评价两个方面。[①] 学校层面的学生评价常常是一种关于学习的评价,是一种终结性的、检验与监督性的评价,其视野中是已经完成的学生,特性是"标准化";相对而言,课堂学生评价则往往是为了学习的评价,是一种形成性的、诊断与补救性的评价,其视野中是正在形成中的学生,特性是"表现性"。由于新课程评价理念渗透与改革的不同步,两个层面学生评价的目的与功能发生着冲突与对抗。[②] 在很多中小学,学生评价的改革只是在课堂内进行,学校层面的学生评价仍然沿用的是旧有评价。教学一线的教师通过多种培训接触到了许多新的评价理念、技术与方法,转而在实际课堂中予以实施,因而当前的课堂教学与评价更多体现出素质教育的理念。而学校虽然也积极支持教师的培训以及评价的改革,但是,在实施上,学校的统一考试,乃至于中高考却又执行着应试教育,可以说,在这两个评价层

---

① 斯逖根斯(R. J. Stiggins, 1992)根据评价目的将校本学生评价分为学校层面的学生评价与课堂学生评价两个层面,前者是一种"自上而下式"评价,即由学校管理者和教育决策者所采取的一种有关学生总体现状的信息收集与反馈过程,这种反馈是学校的领导层获取、分析与传达给全体教师的自上而下式信息给予过程,这种评价关注的是群体性;教师在具体的课堂教学与学习情境中,对学生的已有成绩、形成性表现、学习潜能的分析与掌握,在这种评价中,评价信息是以自下而上式从最具体的学习情境中获取的,评价关注的是学生个体。

② 王凯. 问题与对策:对我国当前基础教育学生评价状况的思考. 当代教育论坛,2005(5):31—34.

面上,素质教育与应试教育并行,教师课堂教学与评价改革的努力往往在学校"标准化"的应试评价中化为泡影。

要协调学校层面与课堂层面的学生评价冲突,需要找到一个双方共同的附着点或依据,使两个层面的学生评价不论在评价内容上还是在评价标准上都能够做到趋同。显然,这个附着点或依据应该就是国家课程的内容与标准。新课程的各学科课程标准已经制定并颁布,为学生评价体系的构建提供了依托。课堂学习评价要与国家课程的内容与标准相吻合,使得评价真正成为课程实施的必要部分;学校层面的学生评价同样需要关注课程的内容与标准,使得学校层面的学生评价同课程真正统一起来。

2.防止评价方案过于复杂

发展性学生评价倡导学生评价主体多元化、内容全面化,提倡从多个维度对学生进行评价。这种评价理念的核心是承认并尊重学生身心发展的完整性,追求其全面和谐的发展。但是,在实际中对"多元"的理解和操作有机械化、泛化的倾向,简单地认为不管是评价主体、内容、标准、方法还是形式,只要由"多元"加以限定,只要贴上"多元"的"标签",它们就是改革的见证,新思想的体现,就是积极可取的;认为评价标准越细化越好,学生的全面发展就是学生各个方面发展成果的机械相加。有的中小学学生评价方案内容繁复、条例过细,包括考试、听课、作业、劳动、思想等方面,且每一方面都有更为细致的规定;有的中小学在不满 40 人的班级设立了近 20 项个人单项奖。这样的评价方案在实践中难以操作,不好把握,费时费力,效果也未必会好。

事实上,学生的每一个方面都是完整的、和谐共生的、相互依赖的。企图把学生"肢解"之后对学生方方面面进行评价,然后再相加,是不可取的。因此,学生评价机制的建立要强调和谐性,充分利用学生各方面发展的内在联系,避免复杂评价、重复评价,要使学生评价既全面又不冲突,既承认学生的共性又尊重学生的个性,追求成效显著又简便易行。

3.给激励性评价以正确的引导

激励性评价是指教师在教育教学中采用激励性的评语,对学生的表现予以鼓励或表扬。它是一种正面引导的评价方法。在发展性学生评价理念的指导下,赏识教育与激励性学生评价成为中小学最受欢迎的教育方式和评价方式。但是,目前这种评价方法在中小学评价实践中有使用过度的倾向,表现为教师"高调"和无原则地使用表扬和鼓励,使得表扬和鼓励"廉价",学生的"是非准则"模糊。

应该说,激励性评价的恰当运用会使学生受到鼓舞,但不恰当的使用会导致表扬的廉价、学生的麻木,丧失评价激励的作用。批评其实是一种正当的教育行为,做错了就应该受到批评。学生评价应该要给学生以"是非准则"和判断标准,教师不能一味地对学生予以表扬和鼓励,杜绝"鼓吹式"评价,要实事求是地对学生进行表扬与评价,指出学生的优点与缺点,评价语言应该客观、简练、准确,态度应当中肯。

4.注意进行评价者的心理调控

评价主体的多元性必然带来评价主体间的相互作用。这样,评价者就容易受各种心理效应的干扰,使评价结果产生严重偏差。如学生、家长的评价往往评价目的和评价标准不明确,使评价散、大、空,流于形式;学生互评往往关注成绩和等级,有时同学之间互不服气,评价成了"挑错"和"指责",使评价有失公允,在评价自己的朋友及与自己矛盾较大的同学时尤为明显。

第四节　学生评价的基本原则

一、方向性原则

方向性原则要求学生评价坚持正确的导向,通过学生评价活动,为教师和学生明确教学的目标和努力的方向,促进教师的教学和学生的发展,避免误导学生学习、教师教学和学校管理的情形发生。贯彻这个原则应做到:

(1)制定学生评价目标时,要认真学习教育理论,掌握教育规律,领会改革精神,把握好方向政策,力求使评价指标和标准符合国家对学生发展的要求,反映时代精神,具有先进性和超前性。

(2)确保学生评价活动有利于促进学生身心和谐发展,为实现全面发展的教育目的服务。

二、公正性原则

公正性原则是指在评价活动中,对所有的学生评价都要做到不偏不倚,平等尊重每个学生的人格,不徇私不枉评,评价指标要体现公平竞争性。贯彻这个原则应做到:

(1)在同一范围内,对同类评价对象应该用同一标准,不能使用不同的标准。

(2)评价指标、标准、权数和分值的确定要合理、合情,评定等级和打分时也要合理、合情。

(3)注意增加评价活动的透明性。

三、客观性原则

客观性原则指评价的过程和对评价结果的解释都应该符合客观实际,实事求是。贯彻这个原则应该做到:

(1)评价资料收集时,要注意调查研究,深入了解情况,全面获取资料,保证信息来源的客观性。

(2)整理资料时,不随意夸大或缩小客观事实。

(3)分析资料时,要努力排除个人主观偏见或个人情绪因素的干扰,以客观事实为基础去分析问题。

(4)作评价结论时,要防止用主观印象来代替客观测定,做出的结论要有客观依据。

四、可行性原则

可行性原则是指评价指标和标准能为评价者所理解,方法符合实际、具体可操作。贯彻这个原则应该做到:

(1)评价方案的确定要考虑人力、物力、财力、时间、空间、技术等各种因素。方案实施前要进行可行性分析,最好先在小范围内进行,然后逐步推广。

(2)评价指标体系不要过于繁琐。

(3)评价指标应该用操作性语言加以定义,具有直接可测性。

(4)评价指标和标准不宜定得太高,应是学生经过自己的努力可以达到的目标。

五、科学性原则

科学性原则是指学生评价过程(包括确定指标体系、编制评价方案、评价方法的使用)的各个环节遵循科学的要求进行。贯彻这个原则应做到:

(1)构建科学合理的评价指标体系和实施方案,正确使用各种评价方法、手段和技术。

(2)端正评价态度,严肃认真地对待评价过程的每个细节。

(3)将定性分析与定量分析相结合、静态评价与动态评价相结合、他评与自评相结合、终结性评价与过程性评价相结合,努力使评价公正、合理、全面和整体。

本章内容提要

学生评价是以学生为评价对象的教育评价,是评价者依据一定的标准,运用现代教育评价的一系列方法和技术,对学生的思想品德、学业成就、个性发展、情感态度、体质体能的发展过程和状况进行事实判断与价值判断的活动。

合理而有效的学生评价具有重要的导向和教育作用,它既能帮助教师了解学生学习和身心发展的状况、了解自身教学得失并改进教学活动,也有助于学生明确努力方向和调节学习过程。

每一种学生评价模式都是建立在一定的理论基础之上的,蕴涵着不同的教育价值观和教育理念,负载着不同的社会意义。受传统智力理论的影响,传统的学生评价过分关注学生的学业成绩,过分强调评价的甄别和选拔功能。建立在多元智力理论、建构主义理论基础上的发展性学生评价,强调建立促进学生全面发展的评价体系。评价不仅要关注学生的学业成绩,而且要发现和发展学生多方面的潜能,了解学生发展中的需求,帮助学生认识自我,建立自信,发挥评价的教育功能,促进学生在原有水平上的发展。在具体的评价体系中,发展性学生评价倡导评价主体的互动化、评价内容的多元化、评价方式的多样化和评价过程的动态化。

在学生评价过程中,应当贯彻方向性原则、公正性原则、客观性原则、可行性原则和科学性原则。

[拓展阅读]

1. 钟启泉,崔允漷,张华. 为了中华民族的复兴,为了每位学生的发展:基础教育课程改革纲要(试行)解读. 上海:华东师范大学出版社,2001

《基础教育课程改革纲要(试行)》的颁布,标志着我国基础教育进入课程改革的时代。本书是华东师范大学课程与教学研究所的研究人员,为了帮助读者正确理解《纲要》的基本内容,组织有关专家以新课程改革的课程理念为统领,分别从不同的专业背景阐述所涉及的核心概念,对《纲要》这一重要文件的所作的"一种"解读,它为我们理解《纲要》提供了一种背景,一种视角,一种参照。

全书共分课程改革的目标与背景、课程结构、课程标准与教材开发、教学理念与策略、课程与教材评价、课程管理与课程资源,以及课程改革与教师等七个部分。其中,第五部分"课程与教材评价"由《课程评价的价值取向及最新发展》、《发展性课程评价的本质与实施建议》和《教科书评价的基本框架》独立的三章组成,着重阐述了建立符合素质教育思想的评价和考试制度问题。

2. [美]贝兰卡,查普曼,斯沃茨著,夏惠贤等译. 多元智能与多元评价:运用评价促进学生发展. 北京:中国轻工业出版社,2004

多元智能理论和真实性评价起源于美国 20 世纪 80 年代。自加德纳 1983 年提出多元智能理论以来,已风靡了全世界,估计大约有 20 多个国家在研究多元智能的开发,而以多元智能理论为指导思想的学校则不计其数,多元智能理论呈现出方兴未艾的趋势。真实性评价的兴起是对传统标准化测验的批判和反思。

本书由美国三位多元智能理论和真实性评价研究专家贝兰卡(James Bellanca)、查普曼(Carolyn Chapman)和斯沃茨(Elizzbeth Swartz)合著,以多元智能理论和真实性评价的相关为依据,从可操作的角度探讨了为每一种智能设计特定的表现标准以及如何将之应用于课堂教学的问题。同时,在制定每一种智能的表现评价标准时,本书还提供了最佳教学方法的范例以及可供选用的评价工具等,为教育工作者提供了可资参照的蓝本。

3.王海芳主编.学生发展性评价的操作与案例.北京:中国轻工业出版社,2006

教育过程中人人有评价,时时有评价,处处有评价,学生评价俯拾皆是,有着丰富的实践土壤。但是,学生评价的观念各异、标准难定、因素复杂、过程富于变化。

本书分三篇,每一篇又分若干个主题进行讨论。在介绍和讨论中,作者引用了大量知名学者的成果及一线教师的评价案例,他们的观点和论述是本书的重要基础。

第一篇　学生发展性评价解读。分若干个主题,分别为:新课程学生评价——为了创造适合学生的教育,促进学生积极、主动地发展;学生发展性评价——以被评价者的发展为目标;学生发展性评价——新课程评价的理念和实践模式;学生发展性评价——促进学生全面发展的手段;学生发展性评价——对学生综合素质的评价;学生发展性评价——提倡多元主体参与的评价;学生发展评价——更加注重学生发展过程的评价;学生发展性评价——强调学生在评价中的主体地位;学生发展性评价——质性评价与量化评价有机结合。

第二篇　学生发展性评价方法介绍。分四个主题:日常活动的即时性评价;学业成就的测验性评价;任务学习的表现性评价;记录成长足迹的档案袋评价。

第三篇　学生发展性评价工具介绍。分常用的学生评价工具和简单评价工具的编制两个主题。

[反思与探究]

1.我国学校教育一贯重视并集中学习那些具体的便于考试测量的教学内容,故中国的学生在国际性学科竞赛中常常有绝佳和惊人的表现,也令世界上其他许多国家包括英、美等一些教育发达国家羡慕和称赞。这一教育特点和优势,应当说跟重视"三基"教学和考试制度强化是分不开的。然而,我国传统学校教育和考试评价制度不够重视发展学生的创新能力、实践能力和应用能力。你认为学校教育和考试评价制度应该保持原有的特点和优势吗? 如果需要改革,改革的方向是什么?

2.由于选拔人才的竞争,从古代的科举考试到今天的普通高考都十分激烈,因此,追求考试制度的公平性、客观性以及社会的稳定性,往往成为社会关注的焦点。那么,提倡过程评价、质性评价的发展性评价如何才能更好地体现出评价的公平性和客观性。

3.发展性评价倡导评价主体多元化。这是否意味着任何一个人都可以成为评价者? 你认为到底什么人能够和应该成为评价者? 一个有效的评价者应该具备些什么素质? 在学生评价中,教师和学生在总评价中处在什么地位、应发挥什么作用?

第二章　学生评价的基本方法

【学习目标】

1.正确理解量化评价方法和质性评价方法的主要特点、优缺点。
2.明确有效测验的必要条件,掌握提高测验质量的方法。
3.掌握表现性评价的基本特点和形式。
4.掌握档案袋评价的主要类型和基本实施步骤。

当前学生评价中使用的评价方法大抵可以归为定量评价方法和质性评价方法两大类。两类不同的方法在学生评价中都具有各自的优势和不足。定量评价方法科学、信度高,便于统计处理。我们过去的学生评价方法主要以定量分析为主。但是学生身上的许多东西不是一定能量化出来的,单纯的量化评价会丢失许多真实信息,可能形成对学生的片面评价。质性评价方法通常记录了学生的各种行为表现、作品或者思考等描述性的内容,而不仅仅是一个分数,它不仅具体直观地描述出学生发展的独特性和差异性,而且较好地全面反映了学生发展的状况。它强调评价的过程性、情景性和具体性,有利于学生明确评价的真正意义,对于促进学生的发展具有非常重要的价值。但质性评价方法更多是一种主观性主体对主观性客体的评价,容易受到评价者自身的局限性和情感性的干扰和束缚。因此,要对学生形成准确真实的评价,就需要将质性评价和量化评价结合,根据实际情况和不同的评价目标、评价内容灵活选取不同的评价方法,扬两种方法之长,避两者之短。

第一节　学生评价的量化评价方法

一、什么是量化评价法

量化评价方法是依据科学主义评价范式,遵循"凡存在的东西必有数量,凡有数量的东西都可测量"的原则,为追求成绩评定客观化与标准化而实施的测量和价值判断活动。进行量化评价,需要将评价内容转化为可以量化的数量,经过测量这些相关数据,并以量化统计方法来分析数据结果,最终对数据结果作出分析和判断,以达到评价目的。如学生考试成绩、平均分、及格率等就是用数量统计的方法,最终以数字的形式展现出来的。

基本的量化统计方法有频数、平均数、中位数、百分比等,运用这些统计方式可以对数据进行初步的分析。若要进一步分析数据还可以运用方差分析、假设检验、因素分析、相关分析、回归分析等,此外还有很多更加复杂、高级的统计方法。

量化评价有很多优点,它具有客观化、标准化、精确化、量化、简便化等特征,能够在相当程度上满足以选拔、甄别、评量为主要目的的教育需求。但是,量化评价往往只关注具可测性的品质和行为,强调共性、稳定性和统一性,忽视个性发展与多元化标准,使学生丰富的个性心理发展和行为发展在简单的、抽象化的数量描述中无法体现。

二、学生评价中量化评价的最常用方法——测验

1. 主要的测验类型

测验是学生评价量化方法的最常用的手段或工具。根据所要评价的内容和评价对象的特点,测验可以分成多种类型。

根据内容,测验分为智力测验、能力倾向测验、人格测验、学业成就测验等。

根据回答方法,测验分为书面测验和非书面测验。

根据编制的规范性,测验可以分为标准化测验和教师自编测验。

根据课堂教学中运用的角度,测验又可以分为诊断性测验、形成性测验、终结性测验等。

根据怎样解释测验的结果,可把测验分为常模参照测验和目标参照测验。

学业成就测验是一类广泛用于检查学生完成学习任务、掌握知识的程度以及取得学业进步情况的教育测验,它在学生评价过程中起着重要的作用。在本书的第五章将对学业成就测验进行专门的讨论。

2. 有效测验的必要条件

一种学习测验只有有效、可信,具有一定的难度和区分度,才称得上是有效测验。[①]

(1)效度。效度是一个测验能够测出它所要测量对象的属性或特征的程度,即测验达到测验目的的程度。比如,要测验学生英译中的技巧,但所选的短文中词汇量较大,学生因词汇量的障碍而难以发挥翻译技巧,测验的结果在很

---

① 卢正芝,张伟平主编.现代教育学导论(第10版).杭州:浙江大学出版社,1999年版,第315—317页

大程度上说明学生掌握词汇量的多少,而对测验的目的——学生翻译技巧的高低没有确切的说明,这样的测验效度就不高。

学校里常用的学业成绩测验,主要目的在于测量学生在某学科中学习的结果。因此,教师或测验编制者在编制测验时,必须依据教学目标来鉴定测验项目是否切合教学内容,是否就是所要检查和考核的项目,也就是是否测验了既定的教育目标。测验的内容范围确定后,其效度的高低取决于测验题目的代表性,测验必须根据内容的重要性来选题,而不是随机取样,使选出来的题目能包含所测内容的主要方面,并使各方面题目比例适当。要提高测验的效度,要求教师在教学之始就明确教学目标的双向细目,编制测验时对细目作适当加权,然后再根据权数从每个细目中作随机取样,直至得到所需数目的题目。

(2)信度。信度是指测验结果的可靠程度,即一个测验经过多次测量所得结果的一致性程度,以及一次测量所得结果的准确程度。如果一个测验在反复使用(如对同批对象多次进行)或以不同方式使用(如换成等值试题进行)都能得出大致相同的可靠结果,那么这个测验的信度就较高,否则信度则较低。

在教育与心理测量中,常用的信度有再测信度、复本信度、分半信度、同质信度、评分者信度等。信度指标常用相关系数表示。相关系数在 0.80 以上,就说明测验的信度较高,做出的结论基本准确。如果教师想通过一次测验就得到比较可信的评分,那么可以通过提高测验的效度来保证其信度,因为一个测验对于某一个目的具有一定的信度,却不一定是有效的,而一个测验如果对于一个目的是有效的,那么它一定是可信的。另外,还可以在编制测验时通过注意保持测验必要的广度来提高测验信度。一个测验,它的测验项目越全面、越多,测验的可靠性就越高。

(3)难度。难度指的是测验项目的难易程度。通常用受测者答对或通过每个项目的人数百分比(P 值)作为难度的指标。P 值越大,难度越低;P 值越小,难度越高。

测验项目的难度水平多高才合适,取决于测验的目的、项目的形式及测验的性质。例如,在某一教学单元开始前,为了了解学生对将要学习的知识、技能的准备情况而进行的诊断性测验,几乎每道题目都可能产生很低的通过率,但是这些题目都应保留,因为它们表明了哪些东西需要认真教学。而在某教学单元结束后,为了检查学生的掌握情况所进行的测验,即使每个题目都有很高的通过率,这些题目也不应被淘汰,因为这种测验是与一个特定的标准进行比较,看学生是否达到了某种标准。

如果测验用于对学生作区分,可选 1/2 中等程度(难度在 0.5~0.7)的题目,1/4 难题,1/4 易题。这样对于各类学生都具有较好的区分能力。

(4)区分度。区分度是指测验项目对所测量属性或品质的区分程度或鉴别能力。

学业成绩测验可用年级或教师评定的等级作标准,看测验项目能否把不同年级或不同水平的学生区分开来。也可以以评价测验项目的难度作为评价项目区分度的一项指标,难度适中的项目辨别力最大。

第二节   学生评价的质性评价方法

一、什么是质性评价法

质性评价是相对于量化评价而言的另一种评价的基本范式。质性评价是以人文主义为认识论基础,通过文字、图片等描述性手段,在真实情景中进行动态评价,对评价对象的各种特性进行全面分析,以发现其特点和潜力,揭示其意义,促进理解的教育评价活动。质性评价主要包括档案袋评价、表现性评价等。

质性评价强调观察、分析、归纳与描述的方法,关注更广泛的教育目标和学习结果,强调对学生的种种表现进行系统的调查、分析、解释和推论,并注重对学生个体独特性做出"质"的分析与解释,有助于发挥评价在促进学生发展和改进教学方面的功能。但是,实施质性评价是有条件的,它要求教师具备较高的评价学生的专业素质,平时勤于对学生进行观察与记录,并付出更多的时间和精力。当教师无法深入了解学生时,教师对学生的分析和描述就会缺乏实际内容与针对性,甚至出现较大偏误,导致质性评价流于形式而不能发挥应有的作用。

学生评价中常用的质性评价方法主要有表现性评价和档案袋评价。

二、表现性评价

1.表现性评价的概念

表现性评价(performance assessment)是指运用真实的生活或模拟的评价练习来引发学习者的反应,由评价者按照一定的标准进行直接的观察、评判,用以评定学习者运用先前所获得的知识解决问题或完成特定任务的能力。其形式主要包括建构式反应题、书面报告、作文、演说、操作、实验、资料收集、作品展示等。其实,表现性评价在我国中小学教育中并不陌生,它早已广泛应用在职业教育、美术、音乐、体育等课程的评价中,只是在其他传统学科课程评价中较少使用。

2.表现性评价的主要特征

(1)强调过程评价,重在诊断。

　　表现性评价的目的既可以是给学生评分,也可以是对学生的学习情况进行诊断,但其重点是在后者。统一的书面测验往往注重学习结果,不重视学习过程,教师往往只能观察到学生智力历程的结果,而非产生这个结果的思考历程,无法更多地了解与诊断学生的学习个性、思维特点、思考过程、错误原因等。表现性评价强调学生的实际表现和历程,通过对过程的认真剖析,教师就可以发现学生的学习困难和障碍。一般而言,下列情况必须关注过程性评估:行为表现没有很清晰的结果,如演讲、朗读、操作实验仪器、弹奏乐曲、身体活动等;过程是有序的,能够直接观察;正确的过程是至关重要的;对过程步骤的分析有助于提高结果的质量。

　　(2)关注知识技能的应用和非智力因素的发展。

　　表现性评价关注的评价领域不是知识和技能的回忆和再认,而是知识技能的应用。它要求学生执行或制作一些需要高层次思考或问题解决技能的事或物,借以评价学生综合所学的概念、规则分析问题、解决问题的能力。同时,评价范围不仅局限于认知领域,还可以评估学生的情感与社会技能。表现性评价涉及的主要领域及范例如表 2-1 所示。

表 2-1　表现性评价的五个普通领域及范例[①]

学习成效 评价方法	交流	操作	运动	概念的获取	情感
方法 1	论文写作	握笔	设计	构建开放和闭合的电路	与别人分享材料或工具
方法 2	演讲	实验室仪器设备的安装	接球	为任务选择适当的工具和解决的办法	在合作小组里一起工作
方法 3	外国语的应用	使用显微镜	单脚跳	辨认不知名的化学物质	服从学校规章制度
方法 4	听从口头指示	解剖青蛙	游泳	对实验数据资料进行归纳	保持自制

　　(3)评价的任务与真实生活相关联。

　　表现性评价的问题情境是比较真实的,需要学生解决的问题是现实中的问题,或者是模拟的实际生活问题,而不是脱离现实情境的抽象问题。比如,演讲与口才、朗读与答辩、写作、购物算账、开展调查研究、创作与表演、用数学或自然科学知识回答生活中的科学问题等,均与实际生活息息相关。一个好的表现

---

①　唐晓杰.课堂教学与学习成效评价.南宁:广西教育出版社,2000 年版,第 112 页

性任务要有吸引力,能够吸引学生的兴趣;应能够充分反映想要评价的知识和能力,能反映出多方面的教学成果;有清楚明确的指导用语,让学生完整、清楚地了解任务的要求。

(4)表现的准则和标准要事先确定。

用以评判学生表现的每一条评估标准,必须在评判之前就十分具体、准确。教师要事先设计好一个完善、公正的评价标准,评价标准的内容主要包括:评价要点(即要评价的知识与技能、过程与方法、情感态度与价值观等方面)的表述,每个评价要点的不同等级表现水平的表述(即学生在执行表现性任务时可能的表现)。确定评价标准的一个实用的办法就是考虑进行这个活动时一些优秀学生会如何做,这些学生的做法会包括哪些。评价标准一定要包括表现性活动的所有重要方面,如一个学生说英语的能力要从口音、句法、词汇三个方面进行评估。而且,每个表现性活动的评价标准应该是不同的。

(5)有一个或几个好的评价者。

表现性评价在评分及评价标准制定方面,不如传统的纸笔测验那么容易做到客观化;表现性评价有一定的主观性,因而对教师的专业素质要求较高;要求教师在实施表现性评价时,应充分了解教学目标,制定明确的评价目的与标准,及时、全面地观察并记录学生的实际操作和学业成果;要全面收集信息,包括没有涉及操作目标的其他信息;在缺乏足够信息的时候,不要急于对学生进行评价。

3.表现性评价的主要形式

(1)口头表述。

学生通过口头表达完成所要求的作业任务。口头表述的方式是多样的,可以采用演讲、辩论、口头报告、故事或词语接龙、抽取问题进行口头回答、预先设置问题进行专题发言、根据图片讲故事、角色扮演、课文剧等。口头表述的考察可以反映和训练学生的口头表达能力、思维的逻辑性和概括能力,还能在一定程度上反映学生的思维过程以及对所掌握的知识的理解能力。口头表述的评价案例如下所示[①]:

语文课"演讲学习活动"评价设计

以"母亲的心比天高"为主题,让学生表达对母亲的爱心和感激。评价项目分两个部分:一是演讲内容与组织,二是演讲技巧。整个演讲限时8分钟,学生可以事先准备,但不能念稿子。按五级记分,分项评定与综合评定相结合。评价标准如下:

演讲内容与组织的评价重点是:

---

① 黄光扬.新课程与学生学习评价.福州:福建教育出版社,2005年版,第166页

（1）内容符合主题，且清晰、简要；

（2）组织分明，善用佳词佳句；

（3）内容生动有趣，富有创意；

（4）材料典型，论据充分，富有感染力。

演讲技巧的评价重点是：

（1）以姿态或肢体语言来强调重点；

（2）以声音或速度变化、停顿来强化重点；

（3）发音清晰；

（4）仪态大方，态度诚恳；

（5）眼神注视听众；

（6）演讲流利顺畅，展露自信笑容；

（7）准确把握时间。

（2）演示操作。

要求学生使用纸笔以外的器具或实验设备来完成表现性任务。如要求学生用一套四个三角形拼出不同的几何图形，拼出的几何图形越多越好；演示如何将硫酸和水混合等。演示操作活动和评价重点是关注学生的动作技能以及实验观察能力与创造力。这类表现性任务不仅有助于发展学生的动作技能和心智技能，而且给学生提供直接感知与体验事物的机会，有助于他们获取知识和发展积极的学习态度。评价学生的演示操作表现要建立在行为观察的基础上，教师应事先设计和准备好便于客观评价和记录学生操作行为的表格，采用先分项评价，尔后再综合的方式评分（见表 2-2）。

（3）模拟性表现任务。

模拟性表现任务是为了配合或代替真实情境中的表现、局部或全部模拟真实情境而设立的表现性任务。其形式和内容多种多样，实施的方式也可以灵活多样，因地制宜。例如，在社会学习课程中，学生以角色扮演的方式模拟法庭审判、市政会议、招聘面谈、外宾接待等活动；在数学课中学生利用计算机解决日常生活中遇到的数学问题；语文或艺术课中的课堂表演等。一般来说，在完成模拟性表现任务时，学生的综合素质可以得到较好的表现，特别是学生知识面、口头表达能力的高低、与人交流与合作的能力的高低以及其他非智力因素的发展水平等都能较好地反映出来。在许多情境下，学生在模拟情境中所显示出来的技能和能力，是其在为了真实情境中表现的一种准备。

表 2-2   中学生显微镜操作行为检核表[①]

序号	内容	是	否
1	学生是否用透镜纸拭擦试片？		
2	学生是否在试片上滴上 1～2 滴培养液？		
3	学生是否正确擦拭玻璃盖片？		
4	学生是否正确调整玻璃盖片？		
5	学生是否擦去多余液体？		
6	学生是否正确放置试片？		
7	学生是否用目镜观察和紧闭另一只眼睛？		
8	学生是否用最低倍数观察标本？		
9	学生是否调整光线和凹镜？		
10	学生是否调整十字线片？		
11	学生是否正确使用粗调？		
12	学生是否打破试片？		
13	学生是否将标本放好？		
……	……		

(4)问题解决的探究活动。

要求学生完成一项真实性表现任务。要求学生针对某一研究课题开展研究,运用多种研究方法完成某种特定的研究项目。如在研究性学习课程中,要求学生基于自身兴趣,在教师指导下,从自然、社会和学生自身生活中选择和确定研究专题,在完成课题的过程中,主动地获取知识、应用知识、解决问题,经历科学研究的整个过程,体验其中的甜、酸、苦、辣。真实性表现任务可以较为充分、全面地反映学生运用知识的能力、科学探究的能力,以及学生在科学精神、科学态度、科学方法等方面的发展水平。根据完成的研究项目的复杂程度的不同,研究项目可以分为个人项目、小组项目等。问题解决的探究活动评价案例参见视窗 2-1。

4.表现性评价的优势与不足

(1)表现性评价的优势。

第一,有助于考察学生综合运用所学知识解决实际问题的能力。表现性评价注重知识技能的整合与综合运用,强调在真实的或模拟的自然情境中开展评价活动,反映学生问题解决与学习的真实面貌,促进学生对知识的掌握和应用。

第二,可以评定学生的学习过程,为诊断学生的优势和缺陷提供更可靠的信息。

---

① 许建钺等.国际教育百科丛书——教育测量与评价.北京:教育科学出版社,1992 年版,第 308 页

视窗 2-1

IEA 国际科学教育研究中的探究性课题示例

第三次国际数学和科学教育研究中,研究者将科学课程分为内容、表现期望和展望三个方面。为了评价不同的表现期望,表现性评估的作业被设计成小型的问题解决探究活动。几乎每一题作业都涉及测量、观察、探究,寻求解决办法或形成结论。例如,13 岁组的科学作业题目有"脉搏研究:当你在楼梯上爬上爬下一格,连续 5 分钟,指出你的脉搏将如何变化?""磁研究:利用物品袋中的物品,找出磁铁 A 或 B,哪个磁性更强?""电池研究:找出哪些电池是好的? 哪些电池是废了的?""橡皮等研究:当越来越多的铃铛挂在橡皮条上时,指出橡皮条的长度会如何变化?""容器研究:找出哪一个容器装热饮料保温时间更长?"

资料来源:张海和. IEA 国际科学教育研究中的实作评量. 比较教育研究,2002(11):49

第三,有助于优化教学过程。通过使用与教学目标密切相关的表现性任务,可以澄清教学的目标;通过评定为教和学都提供较完整的反馈信息,有助于促进教师教学质量和学生学习成就的提升。

第四,有助于激发学生的学习动机。表现性评价多采用作品集、报告、展示、活动等评价形式,淡化分数和等级,对学生更具吸引力,可以充分调动学生的自主性和积极性。

(2)表现性评价的缺点。

第一,需要花费较多的时间、人力和物力。表现性任务的设计、评分规则和标准的制定、表现性评价的具体实施和记分都需要投入比客观性测验更多的时间和人力;有时,进行表现性评价还需要购置一些器材或仪器,这不仅需要更多经费的支出,而且在空间需求和器材保管上也可能遇到问题。

第二,评价的信度和效度问题。在信度方面,不同的评分者对评分标准的理解和执行带有很大的主观性,评分者之间的一致性通常不高。在效度方面,仅从极少数的一、二项作业项目中,进行学生学习结果或学习能力的推论,其准确性和适切性令人怀疑。故此,依据学生在表现性测验中的表现进行学习结果和学习能力的推论时,对表现性任务的选择要格外慎重。

第三,不能评价所有类型的学习目标。对于集中于记忆、规则、原理及理论的学习目标,表现性评价没有优势,而客观形式的测验项目(简答、多项选择、匹配、正误判断)是更好的选择。当评价逻辑思维、概念理解、言语推理时,客观形式的测验仍然比表现性评价具有更大可行性,因为其花时少,评分方便,结果的可信度高。

三、档案袋评价

1.什么是档案袋及档案袋评价

档案袋也称为成长记录袋,是用以显示学生一段时间内学习成就或持续进步信息的一系列表现、作品、评价结果,以及其他相关记录和资料的汇集。档案袋评价就是指以档案袋为主要评价手段的评价方法,即教师依据教学目标与计划,有组织有目的地要求学生收集一系列表现或作品来展现其能力和进步的方法。

档案袋里的主要内容是学生的成果,包括测验卷、作业、学习心得、反思材料、小组评价、教师建议等。其表现形式可以是文字,也可以是图像,甚至是实物材料。但档案袋里的内容应该是经过选择的,是能够体现学生发展的作品样本、成绩的证据,最能代表其水平与进步、最能展示其个性特长的样本,不是学生的任何材料都可以放入档案袋中。一个典型的档案袋所应包含的内容如图2-1所示。

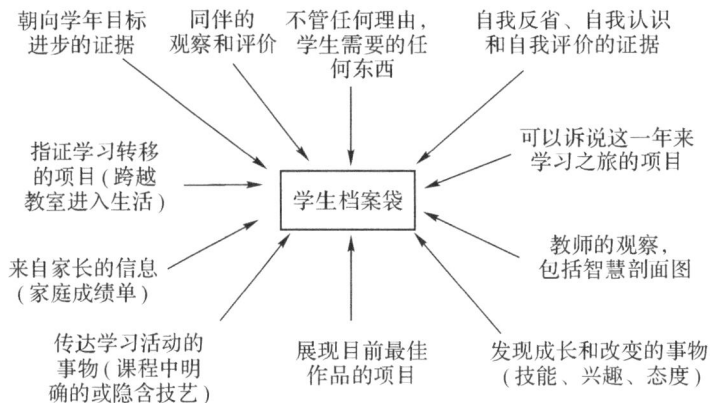

图 2-1　学生档案袋的内容[①]

档案袋里除了记录和反映学生成长过程及所取得的成果外,还要包括学生对"成长"、对作品、对制作档案历程进行自我反省或评论的证据,收集档案资料的过程应该也是学生学习反思的过程。从本质上讲,档案袋评价是对学生运用所学知识获得的成就的评定,是对其进步的连续考查,其主要意义就在于为学生提供一个学习的机会,使学生能够学会判断自己的进步。在档案袋评价中,学生是选择档案袋内容的一个决策者甚至是主要决策者,因而他们也就拥有了判断自己学习质量和进步的机会。

---

① 钟启泉,崔允漷,张华.为了中华民族的复兴 为了每位学生的发展:基础教育课程改革纲要(试行)解读.上海:华东师范大学出版社,2001年版,第314页

2. 档案袋评价的类型

档案袋评价依据使用目的、使用对象、结构及对学生的帮助等的不同,可以有各种不同的种类。对档案袋评价的分类,从不同的角度入手也可以有不同的分类方法。

(1)以档案袋评价的功能为标准,可以将档案袋评价分为理想型、展示型、文件型、评价型和课堂型(见表 2-3)。其中,最具有典型意义的是理想型档案袋评价。

理想型档案袋的内容由三个部分构成:作品产生过程的说明、系列作品、学生的反思。作品产生过程的说明,是主要学习计划产生和编制的文件记录。通过这部分档案袋内容能够展现学生选择计划时的理想。它的形式可以有各种不同的类型,如既可以是伴有说明的一系列略图,也可以是进行特别困难的选择时录下的几盒录音带。

系列作品是学生在完成某一学习计划的过程中创作的各种类型的作品集。如果说作品产生过程的记录表明了学生在某一学科领域中成就的深度,那么系列作品则表明了学生取得成就的范围和广度。例如,在语言艺术中,一个档案袋也许包含了学生自认为最好的、最喜欢的或被杂志录用的文章、论文、诗歌,以及课堂表现录音等。

视窗 2-2	
档案袋:一个总结	
档案袋是什么	档案袋不是什么
一种经过周密思考的目标、任务和标准的结构	一个所有事物或任何事物的存放处
一个使用更多变化的、真实的、基于表现的学生能力的标识机会	一个储存间接的、过时的读写任务的地方
一个连续的带有指导的评估过程	一个一年一次的、课堂之外的、为其他的人需要的评估结果
一个开放的、共享的、可达到的存放学生作品与进步记录的地方	一个累计的记录分数、等级和儿童不能接近的秘密信息的文件夹
一个积极思考、赋予价值和评价教与学的过程	一个收集学生作品的样本的地方
一个对标准参照测验或标准考试的补充	一个避免学生标准的判断
资料来源:Sheila W Valencia. *Literacy Port folios in Action*. Aarcourt Brace College Publishers,1998,22—25	

第三个重要的内容就是学生的反思记录。在学期的不同时间里,教师要求

学生充当专门批评家或传记作家的角色,让学生描述自己作品的特征、自己在成长过程中所发生的进步、已经实现的目标等,这些都可以作为反思记录的内容。档案袋评价中,学生对作品的反思比选择作品更为重要,通过反思,一方面为学生的成长提供了重要的契机,另一方面也培养了学生自我反思和自我教育的习惯。教师可以借助于一些分析性问题,引导学生逐渐习惯于反思自己的学习行为和成果。这些问题可以包括:我最擅长的是什么,我的学习目标是什么,我的语言学习目标如何随着时间而变化,我如何得知自己表现出色,我的档案袋反映了我和我的学习方式的哪些方面等,这些问题的答案将有助于学生建立起自己的档案袋。对于那些不习惯于对自身和自身学习做出评价的学生,一开始可以只要求他们每一周或两周回答一两个问题。随着学生对这些问题适应程度的增加,可以要求他们把自己的思考组织成文,附在自己的作业旁边。

表 2-3   档案袋评价的类型①

类型	构成	目的
理想型	作品产生和入选说明,系列作品,以及代表学生分析和评定自己作品能力的反思	提高学习质量。通过一段时间的成长,帮助学习者成为自己学习历史的思索者和非正式的评价者
展示型	主要由学生选择出来的学生最好和最喜欢的作品集。自我反思与自我选择比标准化更重要	给由家长和其他人参加的展览会提供学生作品的范本
文件型	根据一些学生的反映以及教师的评价、观察、考查、轶事、成绩测验等而得出的学生进步的系统性、持续性记录	以学生的作品、量化和质性评价的方法,提供一种系统的记录
评价型	主要由教师、管理者、学区所建立的学生作品集。评价的标准是预定的	向家长和管理者提供学生在作品方面所取得成绩的标准化报告
课堂型	由三个部分组成: ①依据课程目标描述所有学生取得的成绩的总结;②教师的详细说明和对每一个学生的观察;③教师的年度课程和教学计划及修订说明	在一定情境中与家长、管理者及他人,交流教师对学生成绩的判断

① 李雁冰.质性课程评定的典范:档案袋评定.外国教育资料,2000(6):10—12

（2）以档案袋的内容侧重点分，档案袋评价可以分为最佳成果型、过程型和综合型。

最佳成果型档案袋是展现学生完成学习任务的优秀作品与学习成果，由学生选择出来的最好和最喜欢的作品集或经过艰难的努力取得的成就组成。档案袋的主题由教师或师生共同决定，可以是一个主题，也可以是多个主题。学生根据档案袋主题及有关制作要求，选择感觉最优秀或最满意的作品或学习成果，装入档案袋。接着，学生还需要对装入档案袋的优秀作品与成果进行必要的注解、反思和整理。最佳成果型档案袋的主要目的在于给学生、家长或其他人提供学生作品的范本。例如，各学科入选最佳成果档案袋的内容可以包括：

语言艺术：一系列写作类型的最佳作品——说明的，创作的（诗歌、戏剧、短篇故事），报刊的（报告、专栏作品、评论），广告副本，讽刺作品或幽默，等等。

科学：学生做的最佳实验室成果；开发的最佳原创假设；对教师提出的科学问题的最佳解决；对科学问题阐明自己主张的最佳论文；对科学杂志或期刊上的文章做的最佳评论；对实验所做的最佳记录或日记。

社会研究：学生写的最佳历史研究论文；学生参与的一定量的最佳争议和讨论；学生提出的最佳原创历史理论；关于历史问题的最佳议论短文；关于当前事件的最佳评论；对学生所读历史传记的最佳评论。

数学：对教师所提问题的最佳解答；对数学期刊的最佳评论或学生写的数学家传记；对问题解决的最佳描写（描写问题解决的过程）；学生探究过的数学理念的图解或概念图。

过程型档案袋的重点是呈现与展示学生学习进步、探索、努力、反思、达成目标的历程。一般来说，过程型档案袋是按照一个主题来建立的。学生根据师生商议好的主题，在教师的指导下，有计划、有系统地收集学习进程中有意义的、能说明学习进步与改变历程的细节资料。这些细节资料能够完整地呈现整个学习与创作并取得成就的渐进历程。比如，对于学生一篇习作的记载，就包括提纲、初稿、教师和其他人的反馈意见、最终的作品等。过程型档案袋除了学生学习历程连续性的资料与作品外，还可以包括由教师等人完成的行为观察检核表、评定表以及各种形成性测验记录。同时，学生本人对学习成长历程进行的阶段性反思、进步或退步的原因分析等，均可以装入档案袋。过程型档案袋不像其他的档案袋类型是存放最好的或最终的作品，过程型档案袋更关注学习的过程，并更多地在课堂之内使用。其目的主要在于提高学习质量，帮助学生自我反思、自我评价，评价的标准是预定的。

综合型档案袋是指兼具成果型和过程型的学习档案袋，主要由教师、学生共同建立的学生学习过程的作品及其对学生进行评价、观察、考查等得出的反映学生进步的系统性、持续性记录。学校课程教学总结性评价或学生能力倾向发展性评价中,最常用的还是综合型档案袋。比如,教师结合艺术课(音乐、美术、舞蹈等),要求学生制作《我的艺术追求》学习档案袋,学生把课内与课外有关艺术活动、艺术创作、艺术思考、艺术实践、艺术表现的有意义的作品、表现性资料等装入档案袋,尔后定期加以整理与反思,形成《我的艺术追求》综合型的艺术学习档案袋。

3. 档案袋评价的基本操作程序

档案袋评价的实施方式是多种多样的,一般而言,操作过程主要有两个阶段:第一个阶段是"计划与组织",这一过程包括五个基本环节;第二阶段是"执行过程",此阶段主要包括四个基本环节,具体见图 2-2。

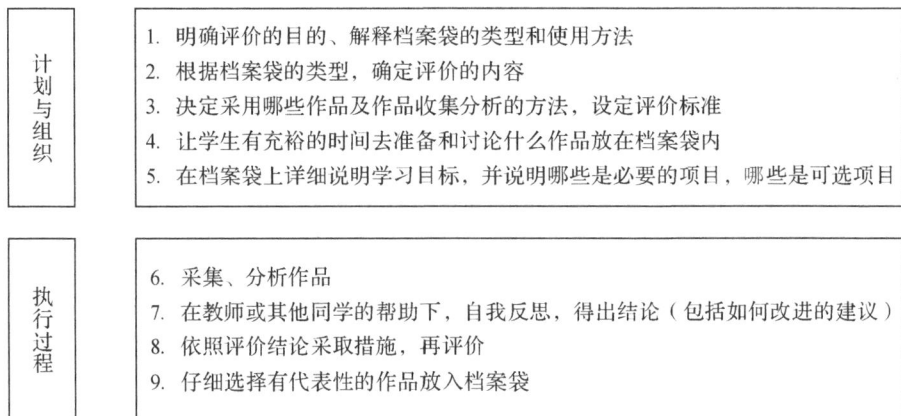

计划与组织	1. 明确评价的目的、解释档案袋的类型和使用方法 2. 根据档案袋的类型,确定评价的内容 3. 决定采用哪些作品及作品收集分析的方法,设定评价标准 4. 让学生有充裕的时间去准备和讨论什么作品放在档案袋内 5. 在档案袋上详细说明学习目标,并说明哪些是必要的项目,哪些是可选项目
执行过程	6. 采集、分析作品 7. 在教师或其他同学的帮助下,自我反思,得出结论(包括如何改进的建议) 8. 依照评价结论采取措施,再评价 9. 仔细选择有代表性的作品放入档案袋

图 2-2   档案袋评价的实施程序

4. 档案袋评价的若干范例

(1)作文佳作展示型档案袋的制作、使用及评价方法[1]

①指导学生自建档案袋。要求学生准备一只活动文件夹,作为收集作品材料的档案袋;取消作文本,学生作文写在统一的稿纸上,便于档案袋的制作、展示与评点;帮助学生确定档案袋的内容选择与栏目构成。

档案袋的内容与栏目构成,取决于两方面的因素。一是档案袋的制作目的。由于佳作型档案袋是给家长、教师等参与的家长会提供学生作品的范本,学生可选择一学期的最佳或最喜欢的作品。二是根据作文教学的改革状况确定档案袋栏目。一些小学为建立发展性学习评价,对作文教学与评价进行一系列改革。

---

①   蔡亚萍.档案袋评价在作文教学与评价中的运用.教育评论,2003(1):41—43

建立作文展览制。在教室、走廊展示学生的习作,让学生充分阅读。

创建作文评奖制。每位学生自主拥有三颗星(星的名称由学生根据需要自己设计,如"创意星、材料星、文句星、情感星、条理星"等),把这三颗星奖给自己最喜欢的习作。

实行自评、互评制。阅读习作后,每位学生选择一篇写好赠言,赠送"赠言卡"。学生交流评语,可用反评卡交流。若认为别人的赠言写得好,可以在反评卡上答谢;若对别人的赠言持不同意见,则可以在反评卡上辩驳。

试行期终作文免试制度。学生可以将最佳习作与期末试卷上的作文比较,以最满意的习作作为评定期末作文成绩的主要依据。如果本学期有习作在校报或公开发行的刊物上发表,或区级以上比赛中获奖,则可免试作文,直接获作文优秀成绩。

这一过程的重点在于:营造创建作文档案袋评价的氛围,通过展示教师的摄影作品集等,增强学生对档案袋制作的感性认识,理解档案袋评价的意义,激发档案袋评价的兴趣,初步掌握档案袋制作的一般技能。

②指导学生正确使用档案袋。每次习作后,分门别类,由学生把自己的作品、同学的赠言卡、教师的点评或自己的反评卡,分别存放在档案袋的有关栏目。标明日期,以显示随着时间推移所取得的进步情况,也便于今后的查找、分析、师生评价。一个教学阶段后,自行选择最佳习作、最佳赠言等进行系统整理,并撰写前言,补充索引,配齐页码。

这一过程的重点在于:重视学生陈述材料选择的理由,促使学生积极反思学习活动。学生将一篇习作放入档案袋,可能意味着他为这次习作付出了极大努力,或者这次成功对他有特殊意义。因而,重要的是让学生明白他有权挑选作品,但必须解释选择的原因。通过学会对作品的选择,进而获得在校外生活持续成长所需的技能。

③举行班级档案袋交流日。以半学期为阶段,以小组合作的形式交流档案袋,各小组选出代表在全班交流。

在学期结束前,开展档案袋交流展示日,统计结果,总结奖励。有获"星"数统计,由多到少予以颁奖并展览;最佳赠言选评,由学生推荐赠言,优秀赠言收录为"经典之句",并予以展览。

教师对每一份档案袋给予答复,主要陈述学生在写作上的进步与今后努力的方向。

这一过程的重点在于:通过不断交流展示档案袋,反复回顾作品,体会学习成果与努力对自己的特殊意义。这样既强化学生的学习,又进一步提高学生对档案袋评价的兴趣。

④在家长会上展示。为了让家长更好地关注孩子的学习与进步,家长会上可进行档案袋问卷调查。如"在作品里你看到孩子有哪些优点?""哪些做法你认为可以改进?""你是否有帮助孩子学习的建议?"等等。与家长交流孩子进步的信息,倾听家长的意见与建议。

这一过程的重点在于:让家长学会欣赏孩子,善于发现孩子的进步,与孩子分享成长的欢乐,激励家长参与评价。

⑤教师实施作文档案袋评价的基本原则。

第一,作文教学改革要与档案袋评价相整合。作文档案袋评价是与作文教学过程并行的同等重要的过程,是作文教学的重要组成部分,贯穿于作文教学活动的每一个环节,它是为作文教学服务,为促进学生的成长与发展服务。因此,作文教学应该与档案袋评价方式相整合,以促进作文档案袋评价的建立。

第二,应做到教师点评与学生的自评、互评相结合。作文档案袋评价,变教师单一评价为评价主体多元化,注重学生的自评、互评,强调教师的点评,要求教师点评因人而异,因文而异,点出个性,点出真效,点出启迪,这种个性化的点评对教师的要求更高,是于无声处的教学评价策略。

第三,教师教学档案袋的建立要与学生作文档案袋评价相配合。教师在运用作文档案袋评价时,要建立作文教学档案袋,内容包括:作文教学改革的目标,作文档案袋评价的研究计划,档案材料选择的方式、栏目与档案袋评价目标的关系,个案记录(个别学生的非常表现),教学活动与档案袋评价的收获、体会及反思等。教师规范地做好教学档案,阶段性地与学生交流档案整理的心得,对学生档案袋的制作具有指导、示范作用。

(2)艺术教育中的过程作品集档案袋的制作与应用

艺术教育的一种重要的方式是过程作品集档案袋,即在艺术课程实施过程中,要求学生收集与艺术学习进展相关的作品。如在美术教育中,学生的作品集档案袋,除了收录他们最后成稿的作品外,还要收集原始素描、中间草稿、自己喜欢或不喜欢的作品、自己的评论稿或别人的评论稿等。过程作品集对于发展学生的创作、感知、反思和思考能力以及工作方法等起着重要的作用。表 2-4是美国《艺术推进》项目①小组拟定的关于艺术教育过程作品集档案袋评价的指标体系,可以采用等级评定和描述性评定相结合的方法。该评价指标体系目前已广泛用于美术、音乐和写作等重要艺术教育过程。

---

① 《艺术推进》是 1985 年设计的基于加德纳多元智力理论框架下进行的艺术教育课程和方法的改革项目。项目确定了音乐、视觉艺术、富有想象力的写作等三种重要艺术形式。该项目研究在美国乃至世界都有很大的影响。

表 2-4　过程作品集档案袋评价指标体系①

一级指标	二级指标
1. 作品	评价依据:评估作品的依据就是作品本身。因此以下方面可由校外专家和任课教师根据草图和最终作品给分。 1.1 技巧:学生是否能够掌握此领域的基本技术和原则。 1.2 追求:学生经过认真思考,对作品创造性的修改,可作为他拥有持之以恒从事这项工作能力的证据。学生深入探索问题的能力,从多个不同角度重复思考某个问题和主题的能力。 1.3 创新:学生以创造性的方式解决问题、进行试验和冒险的能力;自己提出问题并解决它的能力。 1.4 表达:学生在作品(或音乐演奏)中表达思想或感情的能力。
2. 思考	评价依据:评估思考能力的依据包括学生的日记、素描本和他们在课堂上所做观察的评论。因此下列各方面需由了解学生的、从事课堂教学的教师评分。 2.1 评估自己作品的能力与趋势:学生可以评价自己的作品;可以指出自己作品的优缺点并为之辩护。他能对自己的作品以"行家"的口气加以评论。 2.2 作为评论家的能力与倾向:学生已经发展起来的评论他人(同学、有作品发表的艺术家)作品的能力。他对领域内作品的质量标准有判断力,能够以"行家"的口吻讨论他人的作品。 2.3 采纳他人批评和建议的能力和倾向:学生能考虑有关他或她的作品的批评意见,能够在作品中适当地采纳他人的建议。 2.4 从领域内的其他艺术作品中学习的能力:学生能从其他艺术家的作品中寻求思想和灵感。 2.5 表达艺术目标的能力:学生意识到自己是一个艺术家。其证据就是表达一件特定作品的目的或更一般性作品的艺术目的的能力。
3. 感知	评价依据:评估感知能力的依据为学生的日志以及课堂上所做的评论。所以只有任课教师才能评估学生这方面的能力。 3.1 精细地鉴别领域内作品的能力:学生能鉴别各种不同风格、文化时期和历史时期的作品。 3.2 体验敏感意识的觉醒:学生对与讨论中的领域有关环境的自然特性表现出高度的敏感(如学生对于阴影形成的视觉图案、汽车不同音高的喇叭声、购物清单上文字的形状都有反应)。 3.3 材料的质量和物理特性的意识:学生对自己在完成一件作品时所使用的材料(如不同纸张的质地、乐器的木质、文字的发音等)的敏感性。

---

① 引自加德纳著,沈致隆译.多元智能.北京:新华出版社,1997 年版,第 158—161 页

续表

一级指标	二级指标
4. 工作方法	评估依据:学生工作方法的评估取决于学生在教室里的行为以及他们的工作日志,因此只能由任课教师进行。 4.1 投入程度:学生对自己的专题很认真,很有兴趣,且项目都能在指定的期限之内完成。在展示最后的设计时,谨慎而注重细节。 4.2 独立作业的能力:学生在适当的时候能独立作业。 4.3 合作的能力:学生在适当的时候能与人合作。 4.4 运用文化资料的能力:学生知道从什么地方能找到书本、博物馆、工具和他人的帮助。

(3)研究性学习档案袋评价——"全球性学习"档案袋任务及 A 等级的评定准则①

美国布朗克斯城中学的"全球性学习"是一种研究性学习课程,教师在该课程中为学生设计了档案袋任务并制定了相应的评定准则。表 2-5 呈现的是课程中有关拉丁美洲部分的档案袋任务。档案袋评定分 A、B C、D 四个等级,有关 A 等级的档案袋评定准则如表 2-6 所示。

表 2-5　布朗克斯城中学的"全球性学习"档案袋任务

"全球性学习"档案袋任务
＊拉丁美洲＊

你被指定为负责拉丁美洲事务的副部长助理。部长想要一份关于某一国家的报告,指派你来完成。涉的问题列于下面。报告要于 1 月 26 日上午 11:25 之前递交给部长。

报告要求:按照下面列出的问题提供背景信息,以及一份对政策做解释的基本问题的书面回答,要清晰。

背景信息应该包括:

1. 人口统计以及其他的重要统计数字。

2. 历史概貌:哥伦布到美洲之前,殖民地时期,独立时期,现代。

3. 自然概况。

4. 经济状况:劳动力,资源,贸易,债务。

5. 文化概略:艺术,宗教,种族。

6. 政治和社会条件。

7. 基本问题:①尽管大多数拉丁美洲国家与美国是同时期建国的,但许多国家发展的道路与美国迥异。解释你所调查的国家如何以及为什么沿着抑或没有沿着与美国相同的路线发展。②在走近 21 世纪时,这个国家的前景如何? 基于你的研究和分析,它要在未来取得成功,已经具备了什么条件或者还需要什么条件? ③提出你关于美国当前对这个国家政策改变的建议,并说明为什么。

最后,准备在班级讨论、小组作业,并且如果可能在正式的讨论会上展示你的信息。

---

① [美]比尔 · 约翰逊著,李雁冰译.学生表现评定手册——场地设计和前景指南.上海:华东师范大学出版社,2001 年版,第 44－45 页

表 2-6　布朗克斯城中学的"全球性学习"档案袋 A 等级的评定准则

档案袋计划达到下列准则的学生将得 A：

　　1.人口统计：必须清楚地与对统计资料选择之意义的解释一起呈示。那就是说，统计资料必须有一个目的，并且应该向读者指明一些全球范围内的比较性意义。

　　2.历史概貌：应该从性质上进行分析，集中于主要的历史话题、事件和公众人物，及至今仍在这个国家显现的历史的连贯性和非连贯性。

　　3.自然概况：应该清晰地区分出这个国家独特的自然状况，并伴有反映那些独特状况的适宜的地图和图解。

　　4.经济：应该利用历史资料和当前的统计资料，提供这个国家经济发展的长期景观，也要为这个国家当前经济状况以及它未来可能的努力提供一种恰当的背景。

　　5.文化概略：应该反映出这个国家某些方面的艺术是如何独具特色的，同时提供（天主教的）教会影响这个国家和地区的一些清晰背景。

　　6.政治和社会分析应该用一种清晰而连贯的方法，展现这个国家国内生活质量的准确画面，以及这个国家在国际政治中的地位。

　　7.回答基本问题的短文。在第一部分应该运用来自美国和你分析的拉美国家的历史事实，清楚地解释为什么这个国家已经或者没有同样发展起来。在第二部分，预测这个国家在 21 世纪的前景，应该清楚地集中于你认为对这个国家未来的成功最为重要的那些方面。

　　8.最后：在班级讨论、个人与教师的讨论以及小组活动中，学生能通过对解决问题的清晰解释，以及对这个国家清楚而有条理的讨论证明自己对档案袋报告中有关这个国家的所有各个方面有清楚的理解。

　　5.使用档案袋评价应该注意的几个问题

第一，需要对教师加强培训，提高其评价的理论素养和实践能力。

　　教师是档案袋评价的主要实施者，如果缺乏必要的理论素养和实践能力，势必会影响评价的效度和信度，并影响以评价为基础的教育决策及其实施效果。因此，档案袋评价的运作需要教师有较系统的教育评价的理论素养，并掌握档案袋评价的使用目的与方法。然而，在实践中发现，国内许多中小学教师还缺乏这方面的专业素养。多数教师在使用档案袋评价时，往往倾向于采用展示性的成果型档案袋，对学生自我评价与自我反思重视不够，设计上随意性较大，个别教师还把档案袋简单地等同于资料袋或文件袋。因此，在使用档案袋评价时需要对教师进行有针对性的培训，提高其运用档案袋评价的理论素养，掌握评价的基本程序与方法。

　　第二，充分发挥学生的主动性。

　　档案袋评价取得成功的关键在于学生认同这种方法，并能够主动参与。因此，教师应充分调动学生的积极性，参与档案袋内容的收集、编排和保存工作，但不要具体介入学生操作的每一个环节和每一项内容之中。应多鼓励学生自我反思和进行小组评价,必要时对个别学生进行指点,或以抽查、集体指导、答疑等方式监控学生的发展,指导学生改进。

教师可以设计多种形式的活动,激发学生参与的热情。例如,召开档案袋交流展示会,学生以小组为单位交流自己的收获,介绍自己档案袋中的作品,然后由各小组选出代表在全班交流,给每一个学生以展露才华的机会。还可以在年级中或学校的网上论坛中展示学生的档案袋,让同年级的学生甚至是全校的学生来评判这些档案袋的内容,无论是正面的评价还是负面的评价都会给作者以启发。

第三,选择适当科目和专题尝试运用。

档案袋评价是一个较好的质性评价方法,应用得法,还会成为非常有价值的教学辅助手段。但是,档案袋评价的标准化与客观化程度较低,因而评价的信度和效度有时难以保证。另外,档案袋评价技术的应用,往往需要学生和教师付出比纸笔测验多得多的时间和精力,以及一定的经费投入,可能给教师、学生带来负担,给学校经费预算以及学生家庭经济带来一定的影响。因此,应当正确认识、科学使用档案袋评价方法,档案袋评价只是多元评价的方法之一,不能取代其他评价方法,也不是要各门课程、每位任课教师都来对学生提出制作学习档案袋的任务。对不同的学科,档案袋评价的适用度是不同的,学科教学中是否要采用档案袋评价方法,取决于评价的目的、教师的工作安排和学生的精力等种种因素。考虑到学生的投入,建议教师不要滥用档案袋评价方法,最好在教师之间协商一致和征求学生意见的基础上逐步试行。一般认为,在艺术类的学科中采用档案袋评价比较合适;在开放性的评价中采用档案袋评价比较合适;对非选拔性评价目的的评价采用档案袋评价比较合适;小学低年级和大学高年级采用档案袋评价比较合适;小学阶段又以综合课程采用档案袋评价比较合适;学生相对学习压力较轻的阶段采用档案袋评价比较合适。总的来说,不能一概而论、统一要求,而应具体问题具体分析。同时,教师要学习创造性地使用档案袋评价,如将档案袋集中应用于某一学习阶段、专题或具体技能,而不必贯穿整个一学期或学年,这样可以既达到目的,又减轻学生的负担。

第四,避免形式主义,真正发挥档案袋评价促进学生发展的作用。

在当前的基础教育改革中,档案袋评价因其独有的优点——档案袋能记载学生成长过程中一个个具体生动的故事,能展现学生个体独特的智力组合与学习风格,能体现他们多样化的兴趣、需要和爱好,能动态地反映他们成长发展的历程——而为众多学校普遍使用。人们常常将学校是否采用档案袋评价看作学校是否参与教育评价改革的标志。然而,在实践中,许多学校的档案袋评价却存在简单、形式主义的倾向。如有的学校引入档案袋评价以期在对学生的评价中加入过程性评价。然而,不幸的是所谓的过程性评价却是无休止的考试。教师将学生所有的考试成绩都纳入学生档案袋中,并在学期末时将这些成绩折算成一定的比率,汇同期中、期末考试一并计算入总成绩,使档案袋成了学生考试成绩的收集册。档案袋评价的这种用法似乎在一定程度上改善了传统评价中仅仅以一个学期期中与期末两次标准化考试的成绩来评判学生发展的局限性,也似乎在评价中加入了关于过程的观点。但这样的过程性评价非常狭隘,因为它没有体现学生解决问题与创造产品的过程以及在这一过程中所反映出的学生的实践能力与创造能力及他们多元多样的认知风格与问题解决策略,也没有体现学生原有的发展水平、现实的发展点及后续可能获得的发展。要改变这种形式主义的倾向,使档案袋评价真正起到促进学生发展的作用,那么教师应当在档案袋中根据每个学生个体的具体情况对其所取得的分数加以分析。譬如在这次考试中,某生因粗心而造成丢分的有多少,笔误有多少,受其他如情绪、疾病等因素影响而丢分的有多少,排除这些因素,学生对哪些方面知识的掌握还不到位,哪些方面的知识已经掌握得很好了,取得的进步在哪儿,不足又在哪儿,以后尤其要注意哪些方面的内容等。那么即便档案袋中所存放的是众多标准化考试的成绩,但通过分析,至少能从中把握到透过这些标准化测验成绩所能反映出来的有关学生发展的一些信息。但假如只是一个个孤立而笼统的分数的话,那可能就更多只是流于形式并加重学生的负担罢了。

本章内容提要

学生评价中使用的评价方法可以分为定量评价方法和质性评价方法两大类,它们在学生评价中都具有各自的优势和不足。量化评价具有客观化、标准化、精确化、量化、简便化等特征,能够在相当程度上满足以选拔、甄别、评量为主要目的的教育评价需求。但单纯的量化评价会丢失许多真实信息,可能形成对学生的片面评价。质性评价强调评价的过程性、情景性和具体性,能够反映学生发展的独特性和差异性,对于促进学生的发展具有非常重要的价值。但质性评价方法更多是一种主观性主体对主观性客体的评价,容易受到评价者自身的局限性和情感性的干扰和束缚。因此,要对学生形成准确真实的评价,就需要将质性评价和量化评价结合。

测验是学生评价量化方法的最常用的手段或工具。根据所要评价的内容和评价对象的特点,测验可以分成多种类型。一种有效的学习测验应该具有良好的效度、信度,适当的难度和区分度。

　　表现性评价和档案袋评价是当前学生评价中常用的质性评价方法。表现性评价是指运用真实的生活或模拟的评价练习来引发学生的反应,由评价者按照一定的标准进行直接的观察、评判,用以评定学生解决问题或完成任务的能力。其形式主要包括建构式反应题、书面报告、作文、演说、操作、实验、资料收集、作品展示等。档案袋评价是表现性评价的一种特例,它是指以档案袋为主要评价手段的评价方法,即教师依据教学目标与计划,有组织有目的地要求学生收集一系列表现或作品来展现其能力和进步的方法。使用表现性评价和档案袋评价需要考虑方法与评价目的的切合性,以及与评价内容的适合度,要注意避免形式主义和人为增加教师和学生负担的问题。

[拓展阅读]

　　1.陈向明.质的研究方法与社会科学研究.北京:教育科学出版社,2000

　　本书是国内第一部系统评介"质的研究方法"(qualitative research)的专著,对目前国际社会科学界提出的有关质性研究方法理论问题以及新近发展出来的操作手段进行了深入的探讨,并结合有关西方学者以及作者自己的研究实例对其进行了生动的展示和说明。"质的研究方法"目前在社会科学研究领域是与"量的研究方法"相提并论、交相辉映的一种研究方法,它要求研究者深入社会现象,通过亲身体验了解研究对象的存在方式和意义解释,在原始资料的基础之上建立相关理论。

　　第一部分"质的研究的理论背景"介绍了什么是质的研究方法、质的研究历史发展,以及质的研究分类。第二部分"质的研究的准备阶段",讨论了质的研究的设计、研究设计的组成部分、研究对象的抽样,以及影响研究的人的因素。第三部分"质的研究的资料收集"重点讨论了访谈方法的使用问题。

　　本书既有理论性,又具实践性,能够为从事社会科学研究的专业人员和业余爱好者提供重要的参考。

　　2.[美]布鲁姆等编,邱渊,王刚等译.教育评价.上海:华东师范大学出版社,1987

　　这是一部系统介绍教学活动的现代评价方法的名作,叙述的是关于学生学习的评价方法,旨在帮助教师运用评价手段,指导学生更好地掌握教学目标的要求。

　　本书共十一章。第一至第三章提出了关于教育和教育目标的一种观点,并详细描述了怎样才能利用评价使学生达到学习上的各级掌握水平。

　　第四至第六章是为了帮助教师注意评价的不同目的,注意开发为课堂所用的各种评价工具的途径。教师将会找出改善自己目前所用的终结性评价的途径,并学习运用诊断性评价和形成性评价提出改善教学和学习的新方式。

第七章描述编写测试题目和为特殊测试的目的挑选试题的一般技术。

第八章至第十一章是围绕教育目标分类学组成的,为教师编制学科教育目标提供可依据的模型和技术。

[**反思与探究**]

1. 在评价资料的收集上,质的评价与量的评价具有不同的特点:灵活开放性对应着严谨结构性。量的评价所收集的资料是具有数量关系的资料,具有严谨的结构性。质的评价所收集的资料往往是描述性的资料。比如,通过"课堂行为记录"、"学生成长记录袋"、"学习日记"和"情景测验"等方法广泛地收集资料,通过细腻的书面文字、生动的图片或清晰的录音等形式表达出来。那么,在学生评价中,这两种不同特色的资料收集方法分别具有怎样的优势,同时又存在怎样的劣势?

2. 根据有效测验的必要条件,对期中试卷和期末试卷的设计与有效性判断的要求存在什么差异? 为什么?

3. 根据量化评价和质性评价的特点,学生评价中如何实现量化评价与质性评价的有机结合?

4. 就你所学的学科来说,运用档案袋评价的适用度有多大? 要有效地使用档案袋评价应该注意哪些问题?

第三章　学生体育学习评价

1.理解学生体育学习评价的内涵。

2.了解学生体育学习评价遵循的主要标准。

3.掌握学生体育学习评价应该遵循的原则。

4.掌握结果达成度和进步度评价、体育档案袋评价、课堂即时评价、学生自我评价和互评等评价方法的使用要求和基本程序。

对于一个有效完整的体育教学过程来说,体育学习评价是体育教学中的一个重要环节。体育学习目标制定得是否合理,学习行为是否恰当,学习结果是否良好,都需要通过体育学习评价过程才能得到判定。

第一节　学生体育学习评价概述

一、学生体育学习评价的内涵

学生体育学习评价是指对学生体育学习的情感态度、学习进程和学习效果所进行的判断和评定,它既包括对学生学习进程的诊断,又包括对学习结果的评定。学生体育学习评价是体育教学评价的中心环节。通过体育学习评价可以全面掌握学生体育学习的进步状况,了解体育教学任务的完成情况,从而为教学和学生的发展提供反馈信息和改进依据,进而更有针对性地促进学生的体育学习和身体锻炼,提高体育教学的质量。

学生体育学习评价的目的具体体现在以下几个方面:

第一,了解学生的体育学习情况与表现,以及达到学习目标的程度。体育学习评价不仅仅要了解学生的体能与运动技能水平,更要了解学生在体育学习活动中的行为表现;既要考察学生达到学习目标标准的程度,也要反映学生个人的努力程度。

第二,诊断学生在体育学习中存在的不足,分析其原因,并改进教学。评价最重要的目的是为了改进。体育学习评价主要是为了对学生在体能、运动技能、行为、态度、健康等方面表现出来的不足进行分析，找到问题所在，以便努力改进教师的教和学生的学。

第三，发现学生的潜能。体育学习评价过程也是学生展示自己能力、水平和个性的过程。获得学习成功的评价，会让学生体验到体育活动中的乐趣与喜悦，增强学生体育学习的信心，提高学习的兴趣；获得学习失败的评价，也可以让学生在发现不足、体验失败的过程中，激发学生的学习潜力，积极寻求改进措施，在以后的学习中更加努力争取成功。

第四，培养学生正确认识自己和他人的能力。在体育学习评价过程中，通过学生的自评和互评，可以使学生对自己与同学的体能、运动技能、态度、行为等方面的情况有一个清醒而正确的认识，在此基础上看到自己和他人的长处与不足，以便扬长补短，相互学习。

二、学生体育学习评价所依据的标准

1.《国家学生体质健康标准》

为贯彻落实健康第一的指导思想，切实加强学校体育工作，促进学生积极参加体育锻炼，养成良好的锻炼习惯，提高体质健康水平，教育部、国家体育总局于 2007 年 4 月在认真总结执行《学生体质健康标准》(2002)试行工作的基础上，根据新的形势对标准进行了修改和完善，颁布了新的《国家学生体质健康标准》(教体艺〔2007〕8 号)(以下简称《国家标准》)。

《国家标准》是国家对学生体质健康方面的基本要求，适用于全日制小学、初中、普通高中、中等职业学校和普通高等学校的在校学生。《国家标准》从身体形态、身体机能、身体素质和运动能力等方面综合评定学生的体质健康水平，是促进学生体质健康发展、激励学生积极进行身体锻炼的教育手段，是学生体质健康的个体评价标准。

根据《国家标准》，测试对象划分为以下组别：小学一、二年级为一组，三、四年级为一组，五、六年级为一组，初、高中每年级各为一组，大学为一组。小学一、二年级组和三、四年级组测试项目分为三类，身高、体重为必测项目，其他二类测试项目各选测一项。小学五、六年级组，初、高中各组，大学组测试项目均为五类，身高、体重、肺活量为必测项目，其他三类测试项目各选测一项。标准要求学校每学年对学生进行一次测试，学生毕业时体质健康标准的成绩和等级，按毕业当年得分和其他学年平均得分各占 50%之和进行评定。

表 3-1　《国家学生体质健康标准》评价指标与分值

组别	评价指标(测试项目)	分值	备 注
小学一、二年级	身高标准体重	20	必 测
	坐位体前屈、投沙包	40	选测一项
	50 米跑(25 米×2 往返跑)、立定跳远、跳绳、踢毽子	40	选测一项
小学三、四年级	身高标准体重	20	必 测
	坐位体前屈、掷实心球、仰卧起坐	40	选测一项
	50 米跑(25 米×2 往返跑)、立定跳远、跳绳	40	选测一项
小学五、六年级	身高标准体重	10	必 测
	肺活量体重指数	20	必 测
	400 米跑(50 米×8 往返跑)、台阶试验	30	选测一项
	坐位体前屈、掷实心球、仰卧起坐、握力体重指数	20	选测一项
	50 米跑(25 米×2 往返跑)、立定跳远、跳绳、篮球运球、足球颠球、排球垫球	20	选测一项
初中、高中、大学各年级	身高标准体重	10	必 测
	肺活量体重指数	20	必 测
	1000 米跑(男)、800 米跑(女)、台阶试验	30	选测一项
	坐位体前屈、掷实心球、仰卧起坐(女)、引体向上(男)、握力体重指数	20	选测一项
	50 米跑、立定跳远、跳绳、篮球运球、足球运球、排球垫球	20	选测一项

《国家标准》具有以下几个主要特点:

第一,突出健康第一。《国家标准》进一步要求从原来注重学生体育技能上的培养转向注重学生的体质健康,把学生的健康放在第一位,强调促进学生身体的正常生长和发育、形态机能的全面协调发展、身体健康素质的全面提高和激励学生主动自觉地参加经常性的体育锻炼的功能;强调激发学生自觉参加体育锻炼,一生追求健康的生活方式,实现学生体质健康目标。

第二,标准灵活,重视激发学生参加体育活动的兴趣。《国家标准》从身体形态、身体机能、身体素质等方面综合评定学生的体质健康状况,按百分制记分。不同年级有不同的测试项目,同一年级还会根据个人的不同条件有不同的标准。而以往的体育达标标准限制得较死,一个年龄段用同一个标准,这样身体条件好的人成绩自然比较好,而身体条件相对差的学生即使体质健康,也无从反映。现在的这个标准通过一个人的形态——也就是身高和体重等来决定素质项目的标准。这样每个人都会得出一个适合自己的体质健康标准,从而可以更好地引导学生进行适合于自己的体育锻炼。

第三,承认个体差异。《国家标准》的一个重要理念就是关注学生的个别差异,保证每一个学生受益。体育作为一种以技能学习为主的课程,学生学习的结果主要体现在学生体能、技能和运动行为的改变方面。一般而言,认真、主动地完成学习要求,学生在上述方面的状况会得到积极、有利于全面发展的变化。但是,人的体能和运动技能状况并不仅仅与其后天练习和发展有关,而是与其先天遗传有极大的关系。从健康的角度看,每个人的运动需求和运动表现都不尽相同。《国家标准》倡导的体育学习评价在内容与方法的选择上都体现出灵活性和弹性,设置选考项目,使学生可以根据自己的实际情况与个体差异进行选择,提供给学生更大的发展空间。因此,根据《国家标准》,体育与健康课程的教学组织、教学方法和学习评价都应该根据学生身心发展的客观规律,从保证每个学生受益的方面出发,充分注意到学生在身体条件、兴趣爱好和运动技能等方面的个体差异,并根据这种差异确定相应的学习目标和有弹性的学习内容,遵循有益于学生发展的评价原则,以期保证大多数学生完成课程学习目标,使每个学生都能体验到体育学习和成功的乐趣,满足他们身心发展的需要。

第四,鼓励大胆改革传统的体育运动方式。新标准实行的是目标管理,即不管学校怎样开展体育运动,只要达到标准就合格。如,长跑是提高耐力的有效方法,但由于它枯燥乏味许多人不愿意跑,这种情况下有条件的学校同样可以通过游泳、踢足球等活动来达到提高耐力的目的。对学校而言,新标准提供了一个评价体系,至于学校体育课该上什么,怎么上,则完全由学校根据本地区气候、场地条件以及学校自身教学特点来自由安排,便于学校因地制宜开展体育教学,从而真正实现"教测分离",避免学校将测试项目作为主要课程来实施。

第五,强调评价的激励和发展功能。《国家标准》是促进学生体质健康发展、激励学生积极进行身体锻炼的教育手段,其评价系统除了定量指标外,还增加了定性等级。如营养不良、较轻体重、正常体重、超重和肥胖。评价量表采用了四级(优秀、良好、及格和不及格)7段制(优秀、良好、及格三个等级中又分为两段),充分体现评价的公平和激励机制。从另一角度上说,《国家标准》虽然设置了等级,但并不是为了甄别和选拔的功能,而是强调针对学生个体差异的激励和促进发展功能。

2.体育与健康课程标准

体育课程标准是由国家制定用来指导、规范、监控中小学体育课程日常教学、评价及管理工作的教育文件,也是编写体育教材、进行体育教学、评估体育教学质量和实施教学管理的依据。

2001年,教育部颁布了新的体育学科课程标准,取代了原来执行的《体育教学大纲》。新标准分为《全日制义务教育(1—6年级)体育课程标准(实验稿)》和《全日制普通高级中学体育与健康(7—12年级)课程标准(实验稿)》(本章以下简称为《课程标准》)。《课程标准》以"健康第一"为指导思想,强调体育与健康课程以身体锻炼为主要手段,以增进中小学学生的健康为主要目的,并据此规定了体育与健康课程的性质、目标、内容标准和评价等,为学生体育学习评价构建了目标体系和评价原则。

《课程标准》的主要内容和特点主要有以下几个方面[①]:

(1)学习与发展目标

《课程标准》提出体育与健康课程应以促进学生身体、心理和社会适应整体健康水平的提高为目标,关注学生健康意识和行为的养成,强调将增进学生的健康贯穿于课程实施的全过程。根据"健康第一"的指导思想,《课程标准》结合课程特点构建了具有递进关系的层次目标,即课程目标、领域目标和水平目标,这使得学习和发展目标更加具体化、更具操作性。

(2)学习领域

《课程标准》将不同性质的学习内容划分为运动参与、运动技能、身体健康、心理健康和社会适应五个学习领域。五个领域由两条主线组成:一条是身体活动主线;一条是健康主线。在健康主线中,都有一些实体的教学内容和活动作支撑。《课程标准》强调五个学习领域是一个相互联系的整体,每个领域都不能脱离其他领域独立地实现课程目标,而且各个学习领域的学习目标主要是通过身体练习达成的。

心理健康和社会适应是两个全新的学习领域,《课程标准》要求学生更多地在运动实践中体验自身心理活动并形成良好的行为表现,因而这两个领域的学习目标尤其强调应是学生自己可以体验到的,并最终表现为学生情感态度和行为习惯的改变。教师通过对学生态度和行为习惯表现的观察,判断其教学活动的成效,这使课程在情感、意志方面的目标由隐性变为显性,由原则性的要求变为可以观测的行为表征,既便于学生学习时自我认识和体验,也便于教师对学生的观察和评价,从而有效地保证体育与健康课程目标的实现。

(3)学习水平

《课程标准》根据学生的身心发展特征和学习内容的特点,在各学习领域设立了六个学习水平,即水平一、水平二和水平三分别对应于1—2年级、3—4年

---

① 研制《体育与健康课程标准》项目组.《体育与健康课程标准》与现行体育教学大纲的主要不同之处.课程教材教学研究,2002(Z1)

级和5—6年级,水平四对应于初中,水平五对应于高中,水平六为发展性水平,作为高中学生学习体育与健康课程的发展性要求。其他学段的学生也可以将高一级水平作为本阶段学习的发展性要求。

(4)学习评价

《课程标准》强调建立评价内容多元化、评价方式多样化的评价体系。在评价方式上,既注重终结性评价,也注重过程性评价;既有教师对学生的评价,也有学生自评和互评。在评价的内容上,既包括对学生体能和技能的评价,更注重对学生的态度、心理和行为的评价,努力使评价内容与课程目标相一致。

第二节 学生体育学习评价的原则和方法

一、学生体育学习评价的原则

学生在体育学习方面的个别差异很大,如果机械地用同一个标准去衡量所有的学生,可能会出现这样的结果,有的学生不用学习就能达到这个标准,而有的学生无论如何努力也达不到这个标准。因此,进行学生体育学习评价需要运用新的评价理念来对学生的体育学习情况进行科学、客观、有效的判定,贯彻"健康第一"的指导思想,实现促进学生体质体能发展的体育学习目标[①]。

1.质性评价与量化评价相结合

在学生体育学习评价中,对体能和运动技能的评定比较适合采用量化的评价方法,但是对于学生的体育学习态度、习惯养成、意志品质、自信心、自尊心和合作意识等难以用客观评价或量化评价的方式进行的,更适合采用档案袋评价、表现性评价等质性评价方法,或采用评语式评价和学生的自评与互评等方式。只有把量化评价与质性评价有机结合,才能科学反映学生的体育学习情况,全面衡量学生的整体健康水平改善和提高的情况。

2.重视形成性评价促进学生有效学习

目前在学生体育学习评价中大多比较重视终结性评价,即在体育学习活动后期对学生的体育学习效果进行评估和判断,并最终判定学生体育学习成绩的优劣。但是,注重终结性评定难以使学生从教师的教学反馈中进行有针对性的体育锻炼。因此,应当重视形成性评价的运用,及时诊断正在进行的体育学习活动中存在的问题,并及时地将判定的结果反馈给学生,从而使学生能够进行有效的学习和取得不断的进步。

---

① 胡中锋.教育评价学.北京:中国人民大学出版社,2008年版,第313—315页

3.注意使用个人内差评价反映学生体育学习的进步状况

学生体育学习评价应该充分考虑学生的个体差异,根据学生的基础条件,对其体育学习的进步幅度进行评价,这样才能有效地激发学生体育学习的兴趣,尤其是激励那些学习有困难的学生更好地进行体育学习。因此,体育学习评价的过程中,要注意使用个人内差评价以反映学生体育学习的进步状况。个人内差评价是从纵向的角度对学生的实际进步情况进行考评的方法,它有助于了解学生在体育学习过程中的进步状况,激励学生进行体育学习的兴趣和信心。如在学生入学之初,通过诊断性评价建立一套学生个人的体育档案,包括对学生的体育知识、技能、体能等方面的摸底,并将它们作为学生的入学起点成绩。通过将每学期结束时终结性评价结果与学生个人入学起点成绩进行对照,就可以发现每一个学生一学期以来体育学习进步的幅度,从而使学生看到自己的学习进步情况。但是,个人内差评价也存在费时费力、不易操作的缺点,因此如何将自我内差评价与绝对评价进行有机结合是需要进一步探索的问题。

4.重视综合性地评价学生的体育学习情况

学生体育学习评价的内容应该是多元的,而不仅仅是关注运动技能和体能的评价。学生体育学习评价要综合地评价学生的体育学习情况,除了对学生的运动技能和体能进行评价外,还应该结合运动基础知识的掌握、课堂学习表现、参与体育活动的积极性、体育学习的态度、身体活动的努力程度、心理品质、交往与合作以及终身体育锻炼的意识等方面,多角度、全面地进行评价。

二、学生体育学习评价的主要方法

1.结果达成度和进步度评价

结果达成度和进步度评价是指把学生体育学习的终结性评价与学生体育学习的进步程度评价相结合,以更为客观地反映学生体育学习表现的评价。体育成绩测量是评价学生体育学习达成度和进步度的最直观、也是最直接的评价方式。根据新体育课程标准,体育与健康课的成绩考核,不仅要进行体育项目的测试和考核,还应重点考查学生的学习态度和学生自身的能力与发展。因此,在学习成绩的评价上,其考查的维度应该是多元的,包括学生体育学习态度、基本知识、掌握动作技能的程度、体育兴趣特长、参与态度和协作精神等。

进行体育学习结果达成度和进步达成度的评价,需要建立基于目标的学生体育学习评价体系,对评价内容、方法、标准和指标权重等进行明确的界定和说明,以保证评价过程的可操作性和科学性。在刘志红提出的学生体育学习综合评价体系中①,学生体育学习综合评价体系的指标包括 4 个方面:情感态度、技术技能、体质健康和知识认知,评价信息记录采用百分制、等级和概括性评语相结合的方式进行,教师评价、同学互评、家长评价和学生自评相结合。具体评价内容、标准和权重参见表 3-2 至表 3-4。

　　情感态度评价表可以用于教师评价和学生自评和互评,并在总分计算中分别赋予不同的权重,学生评价的成分可以随着学生年龄增长逐渐增加,但最多增值为 40％为宜,即个人自评 20％,小组互评 20％。评价方法采用行为发生率的观察和记录形式进行。

　　技术技能评价表用于技术技能学习的评价,以教师评价为主。教师根据学生技术技能的掌握程度,与正确技术动作进行对照进行判定。具体实施时,教师可以依据所教授动作的类型、难度和教学的不同阶段,自行设置权重比例和评价标准。例如,在评价单个技术动作的阶段,可以将重点放在技术规格要求上,赋予较高的权重,而在进行技术应用阶段或应用简单战术阶段,可以将重点放在应用方面,赋予较高的权重。但在同一次评定中教师应该使用统一的标准,还要考虑学生原有水平的差异,特别是在技能达标的评价中,更应在评定学生的进步幅度上予以倾斜。

表 3-2　学生体育学习情感态度评价表

内容	权重	评价方法	评价标准	好	较好	一般	较差	差
运动参与	0.265	参考出勤情况和教师学生共同进行的行为贯彻和主观评价	1.课余时间主动自我锻炼 2.体育课出勤情况 3.课外活动、课间操情况 4.课上身体运动负荷状况					
学习兴趣	0.263	教师和学生共同进行的行为贯彻和主观评价	1.主动承担学习任务积极性 2.积极响应教师提问指导 3.自觉思考和进行练习 4.努力承担学习任务 5.虚心接受他人建议					
情绪调节	0.236	教师和学生共同进行的行为观察和主观评价	1.对同学朋友的态度友善 2.勇于克服学习中的困难 3.能客观对待批评与表扬 4.严格遵守体育规则					

---

① 刘志红.学校体育教学评价体系构建与可操作性研究(博士论文).保定:河北师范大学,2007

续表

内容	权重	评价方法	评价标准	好	较好	一般	较差	差
合作与交往	0.236	教师和学生共同进行的行为观察和主观评价	1.乐于与同学老师交换意见 2.愿与同学共同参与锻炼 3.能了解和尊重他人 4.希望与同学互助					

注:本方案中设置的权重供参考。下同。

表 3-3   学生技术技能学习评定表(100 分制)

内容	权重	标准	评定方法	成绩评定				
				95—90	89—85	84—80	79—75	75—70
技术掌握质量	0.336	1.独立完成基本技术动作 2.动作规范正确、结构合理 3.动作舒展流畅、优美娴熟 4.以理论指导身体实践	技术测验观察法					
技术技能达标	0.326	1.完成简单的动作组合 2.达到技术要求的标准 3.达到相应的技能标准 4.完成基本战术动作	技术测验观察法记录法					
技术技能应用	0.339	1.与同学配合简单技能战术 2.与家人一起锻炼时应用 3.在一般竞赛中灵活运用 4.在自我健身锻炼中选用 5.指导他人进行科学锻炼	技术测验观察法记录法					
总分								

    体育知识评价,可以通过口头答问、测验、问卷和实际操作等方式了解学生对体育知识的记忆、理解、应用等状况,采用等级划分、百分数计算或评语等方式进行评定。

    学生素质健康评价的具体内容与标准,可以参考体育与健康教材中的学生身体素质评价表,或参考《国家学生体质健康标准》。

    学生体育学习成绩的计算方式为:

    1.情感态度＝A1＋A2＋A3＋A4   2.技术技能＝B1＋B2＋B3

    3.知识认知＝C1＋C2＋C3＋C4   4.体质健康＝D1＋D2＋D3

5.综合成绩＝情感态度(学生评价＋教师评价百分比)＋技术技能(教师评价)＋知识认知(教师评价＋自我评价百分比)＋体质健康(教师评价)

表 3-4　学生体育知识评价标准

评语	评价等级	评价标准	百分
知道更多	优上	有更多计划外的表述或杰出表现	100＋
完全知道	优秀	能完整地表述或较具体地表现所学的知识,无明显错误	99－90
基本知道	良好	能较完整地表述或较具体地表现所学的知识,有小错误	89－80
初步知道	中	能大概表述或大体表现所学的知识,有 1 个大的错误	79－70
部分知道	及格	能部分表述或局部表现所学的知识,有多个大小错误	69－60
很少知道	不及格	很少表述或片断表现所学的知识,有很多的大小错误	60 以下
不知道	0	无法表述与不能表现所学的知识	0

很显然,这样的考核标准综合考虑了对学生体育学习态度和体育技能的考查,同时融入了多主体的评价方式,既注重学生体育成绩的达成度表现,同时也关注到学生的进步程度。应该说,这种考核指标和权重的设计具有较强的可操作性,但是评价的程序就显得比较繁琐,实践操作上也存在一定的难度。

2.体育档案袋评价

在学生体育学习过程中运用档案袋的评价方法,能够记录学生体育学习情况与成长进步的全过程。一般来说,档案袋的内容应该包括学生体育学习的成绩单、教师评语、教师的反馈意见;也应该包括学生的体检表、健康鉴定证明、体育兴趣、体育体验和感受、锻炼计划以及学生参加各级各类体育活动或比赛的证明或获奖证书等;也可以包括家长评价意见和期望、某些体育组织对学生的评价、小组评议结果等综合性的评价材料。①

要发挥体育档案袋评价的发展性功能,可以在评价过程中设置结果交流与分享的环节,让学生能够在相互的交流中体验在体育学习的过程中所带来的成长发展的快乐、被人悦纳的幸福、受到赞赏的自豪和奋发向上的冲动。学生可以以小组为单位交流自己的收获,介绍自己档案袋中的作品,然后由各小组选出代表在全班交流,给每一个学生以展露才华的机会。

但是,档案袋评价的工作量较大,往往会增加教师和学生的负担,而且操作

---

① 胡中锋.教育评价学.北京:中国人民大学出版社,2008 年版,第 317－318 页

标准也较难把握,评价的效果也可能不好。从档案袋评价的实施情况实践中看,一些体育档案袋中学生给自己的评价多是"我要好好学习",同学的评价也多是空洞的语言。因此,要使档案袋评价更具操作性和实效性,还需要在理论学习和实践探索中积累经验。

3.课堂即时评价

课堂即时评价是指教师在课堂教学过程中运用语言即时对学生在课堂上的学习态度、表现、动作完成情况和学习效果等方面予以评价,做出及时指导,帮助学生调整,控制后继学习行为的活动和过程,是帮助和鼓励学生体育学习的一种评价方式。在体育教学过程中,教与学的双方往往在课堂上表现出频繁的应答关系——学生的动作应答教师的施教,课堂即时评价可以说是体育教师使用最多的一种评价方法,对学生的体育学习起着重要的反馈、激励、调控和导向的作用。

体育教师在实施即时评价时应注意用激励的方法和赏识的态度对学生进行鼓励和帮助,避免使用容易打击学生自尊心和学习积极性的语言进行消极评价。教师可以采用的激励性评价用语有:①感激性用语。教师通过感谢的方式对学生的学习行为进行评价,使学生从这种感谢中体会自己动作完成的好坏,从内心体验完成动作所带来的快乐。如:谢谢你的动作展示,为我省了不少时间;非常高兴你帮我做课前准备;你的想法提醒了老师,我们是可以这样尝试。②描绘性用语。教师用描述的方式评价学生的表现或成就,而不是直接评价所做的事情,使学生能从这种描述中有所感悟。如:你的动作80%是对的,而且反应迅速;你的动作一下子就吸引了我;你的练习步骤遵循了规律。③暗示性用语。教师不直接给出评价,而是从情感、语言上体现出对学生的表现感兴趣,让学生体会到自己的优点所在,起到激励作用。如:你可不可以到队伍前面向大家来展示一下,我们能不能分享一下你在运动实践中遇到的问题以及你的解决措施,但愿我也有你这样的想象力!

需要注意的是,当学生处于粗略掌握动作技术阶段时,在练习中常常会表现出动作忙乱、呆板不协调,常常出现错误动作或多余动作,这时教师最好不要即时评价学生的动作完成情况,以免挫伤学生的自尊心和运动兴趣,而应采用"延迟性评价",即推迟对学生的评价。

4.学生自我评价和互评

学生自我评价和互评是指在体育学习的过程中,学生参与学习评价活动,在教师的引导和帮助下,对自己和同伴体育学习的实际情况进行分析和评判。学生参与到体育学习评价中,不仅是为了体现学生在体育学习中的主体地位,更重要的是为了使体育学习评价结果更能反映学生的体育学习实际情况,并培养学生的评价能力。学生参与学习评价,在分析自己和同伴的学习过程中,能够学会学习和思考,更深地了解所学的运动知识与技能,培养其观察力、判断力、分析和解决问题的能力。同时也能够使学生在发现自己的不足以及与同伴差距的同时,产生努力和前进的动力。

学生自我评价和学生互评通常可以采用质性描述的方式进行,但进行时要注意引导学生重视描述的事实性证据支持,避免形式主义。学生自评与互评也可以采用自评量表的方式进行。有研究显示,对一些主观指标的评价(如体育学习态度、情意表现与合作精神、健康行为等),适当地运用一些心理量表进行自评和互评,也能获得较好的效果[①]。

(1)小学生体育学习态度自评量表(表 3-5)

请指出下列说法在多大程度上与你的情况相符合,并在最能描述你的情况的数字上画圈。4 表示非常符合,3 表示符合,2 表示不符合,1 表示很不符合。

表 3-5　小学生体育学习态度自评量表

(1)我上体育课时注意力格外集中。	1	2	3	4
(2)在体育课上,即使没有老师的指导,我也会主动地反复练习,努力完成老师布置的各项学习任务。	1	2	3	4
(3)我能自觉遵守纪律。	1	2	3	4
(4)我常常积极配合体育老师的教学。	1	2	3	4
(5)在体育学习中遇到问题和困难时,我会通过积极的思考,探索解决的办法。	1	2	3	4
(6)我每次上完体育课都感到很愉快。	1	2	3	4
(7)我上体育课时能认真接受老师的指导。	1	2	3	4
(8)在体育学习中,我常常保持愉快的心情。	1	2	3	4
(9)我经常与同伴或老师一起讨论体育课上新学的运动知识和技能。	1	2	3	4
(10)我很喜欢上体育课。	1	2	3	4
*(11)如果班上成立体育课外活动小组,我肯定不参加。	1	2	3	4
(12)在体育课上学习运动技能时,我常常思考怎样才能学得更好。	1	2	3	4

注:带 * 须反向记分。计算总分,分值越高,学习态度越好。

① 季浏.我国中小学体育学习评价改革研究(博士论文).上海:华东师范大学,2005

（2）初中生情意表现与合作精神自评量表（表3-6）

表 3-6　初中生情意表现与合作精神自评量表

---

*（1）我在情绪低落时，常常不愿意参加任何体育活动。	1	2	3	4
（2）在体育课上，即使身体很疲惫了，我也会坚持参加体育活动。	1	2	3	4
（3）我能够积极地采纳他人的建议。	1	2	3	4
（4）我能坚持不懈地为达到体育学习目标而努力。	1	2	3	4
（5）在体育学习中，我常常会主动帮助学习有困难的同学。	1	2	3	4
（6）在体育活动中，我能尊重同伴的兴趣和需要。	1	2	3	4
（7）我认为集体性的体育活动有助于培养自己的团队精神与合作意识。	1	2	3	4
（8）对于体育学习中遇到的任何困难，我都相信自己能解决。	1	2	3	4
（9）如果我与同伴在体育活动中出现矛盾，我会主动与他沟通，争取获得一致意见。	1	2	3	4
（10）在体育比赛中，我会为本队的胜利尽自己最大的努力。	1	2	3	4
（11）当我情绪不佳或学习紧张时，我常常会通过体育活动来调节。	1	2	3	4

注：带*须反向记分。计算总分，分值越高，情意的积极程度越高，合作意识越强。

（3）高中生健康行为自评量表（表3-7）

表 3-7　高中生健康行为自评量表

（1）我认为吸烟有害健康，应该禁止。	1	2	3	4
（2）我具有良好的健身习惯。	1	2	3	4
（3）我的生活有规律（如按时吃饭、早睡早起、定期锻炼）。	1	2	3	4
（4）我认为酗酒不是什么坏行为，没必要禁止。	1	2	3	4
（5）我会为增进健康制定适合自己的锻炼计划，并能持之以恒地执行。	1	2	3	4
（6）我在体育活动之前会主动进行一些准备活动，以避免活动中受伤。	1	2	3	4
（7）我平时会自觉通过体育锻炼来增进自己的健康。	1	2	3	4
（8）我平时经常运用体育课上学过的运动知识和技能进行体育锻炼。	1	2	3	4
（9）我会努力抵制异性吸引对自己产生的干扰。	1	2	3	4
（10）我从不在饭后马上进行剧烈的体育活动。	1	2	3	4
（11）我平时非常注意饮食卫生。	1	2	3	4
（12）我平时非常注意自己的身心健康状况。	1	2	3	4
（13）我能够自己处理体育活动中常见的运动创伤。	1	2	3	4

　　需要注意的是，学生体育学习中的自评和互评常会出现一些偏差，不能客观地评价自我与他人，具体表现为：①自我评价时，有一种学生是一味地说自己

好,但大家对其评价却大相径庭;另一种学生则是过于谦虚,缺乏自信。②对同伴进行评价时,评价以自己的喜好为标准,不按老师事先公布的内容和标准进行;或以同学的语、数、外的成绩作参照进行体育学习评价;或对与自己关系好的同学给予好评价,对与自己关系不好的同学给予坏评价。

因此,采用学生自评和互评方法,需要教师的指导和帮助。从促进发展、改善学习的目的讲,教师可以引导学生在自评和互评中淡化分数和等级,淡化学生之间的相互比较;强调关注同学的优点和长处,强调自我反思。不要让学生的注意力集中在给对方打分数或划等级上,这样不但无助于学生向他人学习,还往往会造成同学之间互不服气,只关注对方的缺点和不足,评价变成相互"挑错"和"指责"。

同时,教师要对学生的自评和互评结果进行监控和反馈,以发现和指出学生在评价中存在的不足与问题,使其了解到自己的评价是否出现偏差,从而加以改正,促使学生了解评价、学会评价,不断提高学生自评与互评的准确性和真实性。使学生通过自我评价和相互评价,及时把握自己的学习状况,看到自己的进步、潜能、长处及不足,从评价中认识自我,发展自我。

第三节　学生体育学习评价的范例

一、国外学生体育学习评价案例

1. 美国最佳体适能教育计划

20 世纪 80 年代后期,美国青少年身体活动水平的急剧下降以及社会变迁,使美国人意识到其健康遭受到了前所未有的威胁。正是在这样的社会背景下,美国于 1987 年提出了最佳体适能教育计划。最佳体适能教育计划的目标,是使学生认识到体育是有价值的、愉快的终身性活动,并培养他们成为真正的实践者,帮助他们发现自己的体育兴趣所在,使他们懂得怎样设计和实施适合自己需要和条件的个人健康体适能计划。最佳体适能教育计划代表了美国学校体育的趋势和特征,即体育教学的终身化、个体化和健康化。①

美国最佳体适能教育计划的评价内容包括身体活动的态度、健康概念知识、健康测验、身体活动的努力水平、健康技能的应用,并且给予态度部分最大的权重,其比值占 40%。

美国最佳体适能教育计划的评价方法主要有:①自我评价。教会学生怎样

---

① 张细谦,曾怀光,韩晓东.中日美体育学习评价的比较.体育学刊,2001(6):80-83

进行自我评价,帮助学生设定个人进步的目标,为自己设计合适的锻炼计划,并学会监控自己的进步。②同伴评价。对别人的成绩进行分析并能引起学生对学习的某些关键部分的注意,强化他们自己的学习。但绝大多数学生需要在教师的多次指导下,才能做到做出的评价能对同伴提供帮助性的反馈意见。③教师对学生的评价。美国大多数的体育学习评价方法是非正式的,如观察、同伴评价和自我评价等,教师定期进行较正式的评价,并利用多种形式对学生进行综合性评价。④文件夹评价。给每个学生建立体育学习的档案,记录学生在体育学习过程中的进步情况。

2.日本学生体育学习评价

自 20 世纪 80 年代以来,日本展开了第三次课程改革,确立了新学力观的教育思想。在新学力观教育思想的指导下,日本的体育学习评价在指导思想、内容体系与评价方法等方面都发生了重大变革。在评价的指导思想上,提倡对学生各方面的积极评价,拓宽学生自我实现的途径。在评价的内容体系上,采用四方面三等级标准评价体系。四个方面包括:关心、意欲、态度;思考、判断;技能、表现;知识、理解。三等级标准为:充分满足、大致满足和经过努力可以满足。日本的体育学习评价并不把体育测试的成绩记入学生的体育成绩,而是作为学生了解自己体力发展水平的参考。评价方法主要有:①诊断性评价。在体育教学开始前了解学生的体育基础,根据评价结果让学生确定自己的体育学习目标。诊断性评价的内容包括:是否有对运动的愉快体验;是否有能够体验运动乐趣的学习方式;技术的学习和掌握情况等。②形成性评价。评价在日常教学过程中进行,目的是为了鼓励学生学习,调节教学过程,有许多评价不与评分、评语挂钩。可分为教师评价、学生互相评价和学生自我评价;具体形式有口头评价、观察、测定、考试等。③终结性评价。检查学生的学习目标是否达到,学到了哪些知识,掌握了哪些学习方法,培养了哪些体育能力。④进步度评价和达成度评价。对学生体育学习成绩的评定应充分考虑到学生态度和行为的进步与发展,提出应根据每个学生的实际进步情况进行考评的思想,而不是以统一的标准来要求所有的学生。一些学者提出将进步度评价(相对性评价)与达成度评价(绝对性评价)结合起来进行评价,且进步度评价越来越受到重视。达成度评价与进步度评价的比较见表 3-8。

表 3-8 达成度评价与进步度评价的比较①

对象	100m 跑步时间/s			达成度评价	进步度评价
	原始	结果	进步		
甲	16.5	15.0	1.5	甲不如乙	甲优于乙
乙	14.0	13.5	0.5		

从美国和日本体育学习评价的改革与发展来看,这些国家的体育学习评价在内容和方法上呈现一些共同的发展趋向:从注重终结性评价走向过程性评价与终结性评价相结合;淡化统一标准评价,重视学生个人的进步度评价;评价内容综合化,既注重运动技能的掌握和学习,也重视学生的体育学习态度和运动参与表现。

二、国内学生体育学习评价实践

1.中考体育考试改革

20 世纪 70 年代,上海崇明地区一所中学率先在全国推出中学升学体育考试,即初中升高中阶段的学生,除了文化课考试外还必须加试体育,从而打响了体育作为升学必试条件的第一炮,引起了全国教育界的极大关注。1981 年 4 月召开的全国学校体育卫生工作座谈会上,与会代表在讨论改善青少年健康和扭转体质下降状况的措施时,一致提出了"实行严格的医务监督和体育考核登记"要求。之后,全国大多省市相继正式制定了初中升学加试体育的制度。近年来,根据新的政策要求和新时期学生体能发展的实际情况,各地纷纷出台中考学生体育测试新标准,动态地调整考试的内容和方法。

(1)杭州市中考体育标准改革

为了认真贯彻《中共中央国务院关于加强青少年体育 增强青少年体质的意见》(中发〔2007〕7 号)的有关要求,全面实施素质教育和学校体育改革,浙江省杭州市教育部门在原有的中考体育测试标准基础上,从 2008 学年起对杭州市初三学生身体素质测试的项目和评分标准进行了调整,调整后的测试项目包括三大类十二项(见表 3-9)。新标准规定符合中考体育报名条件的每位身体健康学生,可以多次报名选择参加其中任何项目的测试。每位学生的测试成绩满分为 30 分,每类各 10 分,每位学生在每类所测项目中的最好一项成绩计入总分。

新标准进一步灵活了选择范围,但在一定程度上提高了体能标准,以期鼓励学生积极主动地参加各类体育锻炼活动,有效增进学生身心健康,增强学生体质,提高初中学生的耐力、力量、速度等体能,逐步培养学生形成终身体育的

① 张细谦,曾怀光,韩晓东.中日美体育学习评价的比较.体育学刊,2001(6):80—83

观念、习惯和技能。

表 3-9　2008 学年杭州市区初中学生身体素质测试项目

序号	测试类别	第一项	第二项	第三项	第四项	第五项
1	跳跃类	立定跳远	立定三级蛙跳	立定三级跳远	助跑摸高	跳绳（1 分钟）
2	力量（技能）类	掷实心球（2 公斤）	推铅球（3 公斤）	引体向上（男生）仰卧起坐（女生）	排球发球	篮球（1 分 30 秒运球投篮）
3	耐力类	1000 米跑（男生）800 米跑（女生）			游泳（100 米）	

注：身高标准体重测试项目为身高、体重，肺活量体重指数测试项目为肺活量，握力体重指数测试项目为握力。

（2）北京市 2010 年中考体育考试改革

为了全面贯彻党的教育方针，大力推进素质教育，培养德智体美全面发展的社会主义建设者和接班人，落实中共中央、国务院《关于加强青少年体育增强青少年体质的意见》（中发〔2007〕7 号）和市委、市政府《关于加强青少年体育增强青少年体质的实施意见》（京发〔2008〕6 号）"全面组织实施初中毕业升学体育考试，并逐步加大体育成绩在学生综合素质评价和中考成绩中的分量"以及"不断完善和规范体育考试内容和评价方法"的要求，增强本市广大青少年学生体质，北京市教委 2009 年 6 月出台新的中考体育考试规则[1]，决定从 2010 年起对初中毕业升学体育考试（以下简称"中考体育考试"）进行改革，将学生体育学习的平时成绩纳入中考体育成绩中，希望用这种方式调动学生平时锻炼的积极性，而不是只在考试前努力一把。

北京市教委规定，从 2010 年起，中考体育考试由现场考试成绩（30 分）和过程性考核成绩（10 分）组成，合计 40 分计入学生升学考试总成绩。

现场体育考试仍为 3 个项目，每项 10 分，合计 30 分。考试内容为耐力（男生：1000 米，女生：800 米）、力量（男生：单杠引体向上或投掷实心球，女生：仰卧起坐或投掷实心球）和技能（篮球绕障碍物运球），考试评定标准参照《国家学生体质健康标准》制定。

过程性考核的分值为 10 分。从 2009 年 9 月 1 日起，有初中学段的学校必须按照《北京市初中体育过程性考核方案》的要求，对初中学生进行过程性考

---

[1]　北京市教育委员会关于做好 2010 年初中毕业升学体育考试工作的通知. 京教体美〔2009〕15 号. http://fwzx.bjedu.gov.cn/publishmain19/2009/.html

核,并从 2010 年起开始计入学生升学考试总成绩。平时成绩考核以学期为单位,由体育课出勤率、平时体育课学业水平组成,两部分的考核成绩相加除以 2,即为学生该学期的考核成绩。

北京市教委规定,各校对学生平时体育成绩考核内容共计 18 项,如男生 1000 米、女生 800 米、立定跳远、技巧、健身拳等。每学期的考核内容不得少于 4 项,且所考 4 项内容必须分别属于不同的运动项目,以保证课程标准的有效实施。同时,为保证成绩的公平性,考核必须在体育教研组统一组织下进行,参与评分的教师不得少于 3 人,考核得分为 3 位教师评分之和的平均数。

由于体育学科的特殊性,残疾考生、因伤病免修体育课等三类考生可免考,其成绩的评定按以下规定执行:

第一类:因残疾丧失运动能力而不能参加体育考试的免考学生,应当凭市残联颁发的残疾证书办理免考体育的相关手续,现场考试应当以满分 30 分记录;过程性考核的计分办法按照《北京市初中体育过程性考核方案》中的规定,根据学生参加体育活动的时间给予过程性考核满分 10 分至 6 分(60%)的分数评定。

第二类:在初中阶段因病不宜参加剧烈运动的长期免修体育课的学生,不能参加体育考试,其考试考核成绩按照体育总分 40 分的 60%(24 分)记分。

第三类:因临时伤病不能参加现场体育考试的学生,其体育成绩由两部分合计组成,一是按现场考试成绩满分 30 分的 60%即 18 分记分,二是过程性考核成绩与正常学生的计分办法相同。

2. 武汉市中小学体育成绩评定办法

从 2001 年起,为了推进体育与健康课程实验,为评估《课程标准》实验的质量提供参照与价值判断,武汉市新课程实验区针对中小学体育与健康课程课堂教学评价与学生成绩评定进行了近三年的实践探索,研究制定了《体育教学评价标准》与《学生体育成绩考评内容与办法》及实施意见,并于 2003 年 9 月新学年试用。

武汉市中小学学生体育成绩考评改革的目的,旨在促进学生主动参与学习,运动技能的提高,增进身心健康,提高社会适应能力的水平。对学生成绩的考评认定,关键是"重鼓励、重过程、重发展"和勤学善行的全面评价,既不忽略知识与技术的掌握程度,又能客观反映体育学习的整体表现,既针对全体又兼顾个体差异的特点。

学生体育成绩考评内容共包括八大类:①行为与态度,②技术与游戏(掌握、巩固),③知识与运用(实践),④心理与体验(锻炼、锤炼),⑤个性与才艺(特长),⑥环境与适应,⑦创意与发挥,⑧机动。小学、初中和高中的评价内容因学生的年龄特征和行为表现又略有差异,具体见表 3-10。

表 3-10   中小学体育成绩考评内容分类参考表

小学	行为 与态度	知识 与运用	游戏 与技术	心理 与体验	个性 与才艺	机动		
初中	行为 与态度	技术 与掌握	知识 与实践	环境 与适应	心理 与锻炼	个性 与才艺	机动	
高中	行为 与态度	技术 与巩固	知识 与实践	环境 与适应	心理 与锻炼	创意 与发挥	个性 与特长	机动

实施意见中,要求各学段的实验教师依据各学段的学习目标不同,针对本学段的学生认识水平和能力差异特点,在考评内容框架的基础上,有所侧重地选择考核细项。在细项的选择上,以课堂学习为主,还可把课堂外的行为表现作为考评内容。内容分类的考核项目参见表 3-11。

表 3-11   中小学体育成绩考核项目、办法参考表

内容	参考评价内容与方法
行为 与 态度	考评在课堂中出勤,运动装备,遵守课堂教学常规等。在课堂上、课间、早锻炼、课外活动中的自觉、好学、积极表现等 方法:自评、组评、师评;可采用观察、记载评定
知识 与 实践	考评课堂内外:观察与交流、讨论与应答、课后记,实践报告、小文章,担任裁判,与他人合作制定各种锻炼计划、运动处方、活动方案、竞赛活动规则、体育摄影、体育通讯等 方法:师评、自评、集体评、家长评;可采用观察、询问与资料反馈评定
创意 与 运用	测评个人与团队合作自创运动动作,自编操与舞,创编小游戏,创意趣味活动,活动竞赛,制造体育活动健身器材的情况等 方法:集体评、师评。可采用评比、材料反馈评价
技术 与 掌握	测评基本活动能力(攀、爬、滚、钻、跨、越、推、举、托、扛、抬等);基本技术、战术掌握程度与进步程度;体能进步幅度(速度、力量、耐力、柔韧、灵敏、协调、平衡等具体内容) 方法:师评、组评。可采用测评、技评后的比较评价
环境 与 适应	考评课堂中自主学习、合作共处、挑战极限的意识、表现与善于沟通、宽容的交往等;对温度的适应、疾病的抵御能力;参与校内、家庭、社会体育运动及公益体育活动的反应等 方法:自评、师评、家长评、他评。可采用观察与资料评价

续表

内容	参考评价内容与方法
个性与才艺	测评运动优势项目的技能(游戏、田径、体操、球类、武术、游泳、韵律操、舞蹈、远足、山地车、滑板、滚轴、登山、攀岩、越野等);某些体育活动能力的特长(主持人、裁判员、评论员、活动组织者)等 方法:师评、自评、他评;可采用技评、自荐、活动评价
心理与锻炼	考评在课堂中自信、好胜、进取、勇敢、吃苦、耐劳、坚强、角色转换、抗干扰、抗挫折等意志品质方面所表现出的心理状态与状况等 方法:自评、集体评;可采用观察与检验的比较评价
机动	教师选择内容。如:测评体质发展状况;考查学生自选特殊的兴趣项目(攀爬、角力、飞镖、轮滑、空竹、踢毽、花样跳绳、独木桥、走高跷、滚铁环)等等;与体育有关的健康基本知识考评等 方法:有选择的综合评价;可采用测试、技评、自荐(文字、照片、摄像等作品)、表演、展示、比拼等形式评定;也可3—5人的集体考查等

　　实施意见建议,具体操作时,考评内容的权重分配可以由教师自定。对过程评价,一般采用定量评价、定性评价和相对评价、自我评定、组内互相评定、教师评定、家长评定等多种方法。对终结性评价,要求在小学低段1—2年级用评语制和等级制,在3—9年级用等级评定制,对初中毕业生则与"中考体育"对接,暂用学分制,10—12年级用等级与学分制综合评价。在评价项目操作上,每学期考评内容为5项左右,每学年以10项左右为宜。

本章内容提要

　　学生体育学习评价是指对学生体育学习的情感态度、学习进程和学习效果所进行的判断和评定,它既包括对学生学习进程的诊断,又包括对学习结果的评定。学生体育学习评价是体育教学评价的中心环节。

　　《国家学生体质健康标准》(教体艺〔2007〕8号)是国家对学生体质健康方面的基本要求,适用于全日制小学、初中、普通高中、中等职业学校和普通高等学校的在校学生。它强调健康第一的理念;提出的标准具有灵活性,重视引导学生进行适合于自己的体育锻炼;关注学生的个别差异,积极倡导体育学习评价在内容与方法的选择上体现灵活性和弹性;鼓励大胆改革传统的体育运动方式;强调评价的激励和发展功能。

　　进行学生体育学习评价时要注意质性评价与量化评价相结合,重视运用形成性评价促进学生有效学习,注意使用个人内差评价反映学生体育学习的进步状况,重视综合性地评价学生的体育学习情况。

学生体育学习评价的常用方法有:结果达成度和进步度评价、体育档案袋评价、课堂即时评价、学生自我评价和互评等。结果达成度和进步度评价是指把学生体育学习的终结性评价与学生体育学习的进步程度评价相结合,以更为客观地反映学生体育学习表现。进行体育学习结果达成度和进步达成度的评价,需要建立基于目标的学生体育学习评价体系,对评价内容、方法、标准和指标权重等进行明确的界定和说明,以保证评价过程的可操作性和科学性。在学生体育学习过程中运用档案袋的评价方法,能够记录学生体育学习情况与成长进步的全过程。要发挥体育档案袋评价的发展性功能,可以在评价过程中设置结果交流与分享的环节,同时要注意避免增加教师和学生的负担。课堂即时评价是指教师在课堂教学过程中运用语言即时对学生在课堂上的学习态度、表现、动作完成情况和学习效果等方面进行评价的方法,运用时要注意用激励的方法和赏识的态度对学生进行鼓励和帮助,避免使用容易打击学生自尊心和学习积极性的语言进行消极评价。学生自我评价和互评是指在体育学习的过程中,学生参与学习评价活动,在教师的引导和帮助下,对自己和同伴体育学习的实际情况进行分析和评判。指导学生自我评价和互评要注意引导学生重视描述的事实性证据支持,避免形式主义。

[拓展阅读]

1.姚蕾,杨铁黎.中小学体育教学评价的基本理论与实践——体育教学实用技能丛书.北京:北京体育大学出版社,2004

本书从体育评价的基本理论入手,比较详尽地介绍了国外体育教学的现状、特点和发展趋势;同时还介绍了国内外具有代表性的几种评价理论;分析了目前我国体育教学评价存在的问题,针对素质教育的全面实施、如何更新评价理念等问题作了深入的剖析。本书不仅对教学评价作了理论上的阐述,还从评价的操作层面上介绍了非常实用的体育教学评价的具体方法。该书是一部集思想性、理论性和实践性为一体的很有价值的参考书籍,在当前体育课程改革正在向前推进之际,在广大体育教师急需新课程与教学理念之际,这部著作的出版,为全国广大中小学体育教师理解"体育与健康课程标准"的指导思想和内容,提高体育教学评价能力做出贡献。

2.周登嵩.学校体育热点50问.北京:高等教育出版社,2007

本书以审慎、理性的眼光,试图在理论与实践、历史与现实的维度上,科学审视基础教育课程改革背景下学校体育驳杂迷离的热点,以期在理论层面,为多角度地认识热点和理论创新提供一种思考与视角;在实践层面,力求为广大一线体育教师提供某些指导与参考,构建"问题研讨式"的新型学术交流平台。

本书分理论篇和实践篇两部分。在实践篇的"体育学习评价"专题中,主要讨论了七大问题,分别是:①从甄别到发展——如何理解体育学习中的发展性评价;②关注学生成长——如何在体育学习中进行过程性评价;③定量与定性的结合——如何选择不同学习领域的评价方法;④多元主体中的主体——如何正确对待评价主体的多元化;⑤何为本与末——透视个体内差异评价法的困境;⑥学生身心一体的发展——如何理解体育学习中的心理健康评价;⑦内外环境的和谐——如何进行体育学习中的社会适应评价。

该书中所涉及的许多热点问题,到目前为止,依然还是大多数体育教师迷惑的问题。关于这些问题的讨论对于从事体育教学的一线教师提高认识、明确工作思路很有帮助。

3. 于素梅,周立华. 中学体育与健康课教学指导(新课标). 北京:北京体育大学出版社,2004

本书共分理论与实践两大部分。在第一部分,重点对新《课程标准》进行了解读,并与旧教学大纲进行了比较,阐述了什么是新《课程标准》,为什么要采用新《课程标准》,五大领域目标是什么,如何划分水平标准,如何实施新《课程标准》等一系列理论问题。并对国外体育课程标准进行了介绍,包括美国加利福尼亚州体育课程标准、英国体育课程标准、日本保健体育教学指导纲要、加拿大安大略省健康与体育课程标准。第二部分,根据中学四、五、六级水平分别设计了体育保健知识课和体育实践课的教学实施方案,着重于"教什么"、"怎么教"等问题的解决;在注重学生身心协调发展的前提下,巧妙地将健康知识教育贯穿到理论与实践课中,让学生很自然地了解健康的重要性,并掌握一定的保健方法,从而为贯彻"健康第一"的指导思想提供基本保障。

[反思与探究]

1. 你如何看待北京进行的中考体育成绩考核改革?

2. "兴趣是最好的老师",每个学生都有自己感兴趣的运动项目,比如轮滑、游泳、篮球、街舞、健美操等,在对学生的体育学习进行评价时,如何考虑学生的体育兴趣爱好?

3. 目前,美国越来越多的学校把一种称为"跳跳革命"(Dance Dance Revolution,简称 DDR)的电视游戏(在与电视相连的跳舞垫上伴随电子音乐跳舞)引入体育科目,同时也有越来越多的学生投身到这项锻炼中。你认为这种"跳舞中锻炼"的体育形式能否纳入到学校体育评价中? 为什么? 你认为有哪些体育活动形式可以纳入我国学生体育学习评价中?

第四章 学生品德发展评价

【学习目标】

1. 理解学生品德评价的意义和特征。
2. 了解什么是代表性品德行为,哪些行为属于代表性品德行为。
3. 掌握学生品德评价的基本原则。
4. 了解学生品德评价的主要内容。
5. 掌握学生品德评价指标建构的主要依据。
6. 掌握学生品德评价的主要方法。

学生品德评价是学生评价的重要组成部分。品德主要属于情感态度领域的内容。布鲁姆等曾于 1964 年提出过情感领域的教育目标分类,他们着重于兴趣、态度、欣赏、信念和价值观等,按照从简单到复杂的规则排列,把该领域教育目标分作五个层次或水平,即接受、反应、评定、组织和价值的性格化。但与布鲁姆的认知目标分类比,关于情感态度的教育目标分类没有像知识目标那样明确而具体,也没有像认知目标分类那样对教育及其评价活动产生重要的影响,其原因主要就在于情感态度的复杂性和内隐性影响了评价的可操作性。然而,从总体上讲,个体内在心理品质与外在行为之间存在着紧密的联系。虽然品德态度与行为的关系不是一一对应的关系,但是,学生的大多数行为都可作一定的道德和价值判断,学生自身的品德态度是被负载于行为当中的。即便是日常学习、生活中一些习惯行为或随意行为,从认知的角度考虑,这些行为也具有一定的价值意义,是学生头脑中认知结构或图式的作用。因此,学生品德评价不仅是重要的,也是可行的。

第一节 品德评价概述

一、品德特征与品德评价

品德评价是指评价者依据一定的社会评价标准,采用科学的评价方法,有目的、系统地收集被评价者在某一时期内主要活动领域中的品德特征信息,进行价值判断或者直接概括与引发品德行为独特性的过程。

品德是个人依据一定的社会道德行为准则在行动时所表现出来的某些稳固的特征,它是个性中具有道德评价意义的核心部分。个体的品德虽然具有内隐性和复杂性,如一个人有思想认识不一定有实际行动,而有实际行动可能是暂时的、模仿的,但总体上,品德的内部因素与外部行为是相互联系的,即内在德行与外显行为之间是有机统一的,构成一个开放的耗散结构系统。当个体品德内部深层次的因素对表层行为驱动的能量没有达到一定的临界阈值之前,品德内部的各种思想动机常常相互矛盾,相互斗争,整个品德因素系统处于无序状态。当个体通过自我修养或因外界教育,使某种思想动机能量达到一定临界阈值时,它就会驱动个体作出相应的行为。各种本来相互矛盾的思想动机此时便形成了一种以某种思想动机为主导的有序系统,并与外显行为联结为一个开放系统,保持深层思想动机与行为表现的一贯性,使整个品德系统处于稳定状态。[①]品德这种耗散结构系统性的特征,使得品德评价具有以行为表现为直接对象,并由此评价深层品德因素的可操作性。但是,并不是所有的外显行为都可以用来进行品德评价,而只有代表性品德行为才具有进行品德评价的意义。

二、代表性品德评价行为及其类别

代表性品德行为是指表现某种品德的多种行为中最具有对象意义、最有价值,又易于观察的行为。代表性品德行为主要包括以下四个方面:

一是习惯性行为。作为品德表现的行为并非任意的、零星的,而是经常出现的、一贯的行为习惯。中小学生品德行为大量的是日常行为,如文明礼貌、尊敬师长、讲究卫生等,这些行为主要是靠养成、内化,最后形成习惯性行为。只有形成了的习惯性行为对学生品德的评价才具有实际意义。如果偶尔说声礼貌性用语,而不是经常使用"请"、"谢谢"、"对不起"、"没关系"等语词,就不能认为该学生具有文明礼貌的行为。因此,在确定这类日常行为时,要选择那些已经形成习惯的行为。

二是关键性行为。社会主义道德的核心是集体主义,主要体现在处理个人与国家、社会、集体、他人的关系上。因此,关键行为必定表现在处理这些关系时的态度和行为上。如某学生平时表现出有点"小调皮",但在看见同学落水时,能奋不顾身跳进冰凉的水里将同学救上岸来,尽管这样的行为次数很少,但却是关键性行为,表现该生具有"热爱人民"、"心中有他人"的高尚品德。

---

① 中国社会科学院哲学研究所自然辩证法研究室编.现代自然科学的哲学问题.长春:吉林人民出版社,1984 年版,第 229—234 页

三是角色行为。角色行为是指学生的行为与其社会角色相一致的行为。学生在学校中的角色行为应是遵守学校规章制度,好好学习,不断进步;在社会中的角色行为应是遵守国家法律法规,维护社会秩序,遵守社会公德,保护环境,见义勇为;在家庭中的角色行为应是孝敬父母,从事力所能及的家务劳动。

四是特征性行为。特征性行为是指学生品德发展过程中稳定的、典型的,具有道德意义的年龄特征行为和个性特征行为。品德的年龄特征是指,在一定的社会和教育条件下,学生品德发展在各个年龄阶段中具有一般的、典型的、本质的特征。如小学前三个年级道德意志发展较快,四年级开始能以责任感支配自己的行为;中学生道德意志有实质性提高,但初中生自觉运用道德原则的能力较弱,抗诱惑能力较差。如果一个学生应具有某年龄阶段的品质,而实际上没有具备,应当算是缺点;如果一个学生超出了该年龄阶段所具有的品质,应予以肯定。品德的个性特征是指,品德是一种个体表现,每个人所处的具体环境不尽相同,因而品德形成的过程具有个体差异性。即使是同种社会条件、品德要求,折射在学生身上也有不同的结果,形成品德差异和各自的个性特点。如有的自尊心强,有的自尊心弱;有的比较合群,有的孤僻;有的自控力强,有的好动、顽皮,等等。以上群体与个体的特征行为也是代表性行为。

三、学生品德评价的意义

1.品德评价是引导学生个体品德发展的重要手段

个体思想品德的调节或是认定,不仅依据主观上的自我认识,而且常常依据外界客观的评价来进行的,因此,品德评价在人的思想品德形成和发展中具有重要的导向作用。青少年学生正处于身心发展急剧变化的时期,其品德行为经常带有不稳定性。他们自身的长处和不足,需要经常予以评价才能获得强化和矫正。品德评价是培养学生思想品德的一种重要方法,具体有以下几个方面的作用:

首先,品德评价对学生品德发展具有导向功能。

学生品德评价具有一定的社会标准,体现了社会对学生的要求。运用这些标准评价学生,对于合乎社会规范的行为给以肯定性评价,对于不符合社会规范的行为给以否定性评价,这就对学生品德的发展起到了社会导向作用。通过评价,能够帮助学生明辨是非善恶,促使他们学习那些真、善、美的高尚思想道德行为,反对和谴责那些假、恶、丑的不良思想行为。

其次,品德评价对学生品德发展具有诊断功能。

由于复杂的环境因素和学生的主观因素等多方面的影响,学生的品德不一定都能够按照社会的要求发展,因此,定期进行品德评价是不可或缺的,有利于及时指导学生的思想行为朝着社会期望的方向发展。通过评价可以诊断学生个体的差异以及思想品德的优劣,使学生更好地了解自己思想的实际状况,把握自己品德的优缺点以及与客观标准的差距,促进学生自我意识的提高和自我评价能力的提高。

第三,品德评价对学生品德发展具有强化作用。

中小学教育阶段是对学生进行道德情操和行为习惯养成教育的最佳时期。品德评价对于中小学生良好品德和行为习惯的形成有直接的教育作用,通过评价,触动学生内在的身心活动,强化和矫正学生的道德意识和行为,激发学生积极向上的动机,促使学生发扬成绩,纠正缺点,不断进步。

2.品德评价是完善学校德育管理的重要手段

德育的目标在于使受教育者形成符合社会需要的道德素质,德育的质量最终体现在学生品德水平的提高上。学生品德评价的导向性有助于指导学校德育工作,使学校德育工作者有更加明确的工作方向,提高学校德育效率。我们知道,学校德育是促进学生品德社会化的主要手段。但是,在德育过程中,由于各种主客观因素的影响,特别是某些不良社会环境因素的影响,学校教育的效果往往得不到保证,学生的品德有时也可能会偏离社会要求的发展方向。在这种情况下,如果经常开展学生品德评价活动,在一定程度上可以纠正学生品德发展的偏差,从而保证学校德育的良好效果。特别是在实行对外开放政策,社会信息越来越丰富和复杂的今天,学生品德评价对于帮助学生辨别是非、美丑、善恶,从而抵制不良思想的影响,保证学生的品德朝着社会规范要求的方向发展,有着极为重要的作用。品德评价还可以用来检查学校德育活动的开展情况,较客观地认识学生真实的思想品德面貌,通过品德评价可以诊断和发现教育的问题所在,以及学生当中存在的问题,及时调整德育的工作计划,增强德育的针对性,确保德育目标的实现。教师通过及时了解学生品德的发展情况,可以在探索德育工作客观规律的同时不断改进工作方法,逐步提高德育工作的效率。

第二节　品德评价的基本原则

品德评价是一项严肃、复杂而又细致的工作,评价工作进行得好,可以极大地调动学生的积极性、主动性,保障学生的良好思想品德的形成和发展以及学生身心的全面发展。因此,品德评价活动应当符合基本的要求。

一、坚持多元化综合评价

个体的品德发展是复杂的,具有非确定性和模糊性。虽然我们可以将品德分解为知、情、意、行等要素,但是这几个要素相加却不一定是你的品德,因为一个人的道德认知不一定能转换为他的道德品质,而他的外在表现也不一定能够证明他是否具备某方面的品德。比如,某位学生在学校非常爱劳动,可是回到家以后,他可能连自己的房间都不打扫、被子也不叠,那你能否证明这个人到底爱不爱劳动? 正是因为学生品德评价的复杂性,要求评价应当是全方位的、多元综合的,应从不同侧面、多角度反映学生思想品德的现实状况。

1. 外显行为评价要与道德认知评价相结合

在开展学生品德评价的活动中,评价要包括学生的知、情、意、行等方面,外显行为评价与道德认知评价相结合,既重视对学生外部行为的评价,同时注重内心思想层面对道德的认知程度。如果仅以学生的日常表现为衡量准则,容易导致学生为了评优而去做并非发自内心的、被动的"优秀"行为。教师要注意提高学生的道德认知水平,尽量避免学生的虚伪行为。品德评价信息的搜集要注意从学校、家庭与社会等多种渠道入手,使品德评价尽可能全面地、真实地反映学生品德发展的状况,更好地发挥其促进发展的功能。

2. 过程评价与目标评价相结合

学生品德评价的作用重在诊断和促进发展,不在甄别选拔。对学生品德评价的主要目的是了解学生思想品德的发展现状,使学生认识自己的优缺点,以期提高;使教师思考自己德育工作的利弊得失,以期改进;使各级各类行政部门思考如何采取措施,更好地促进学生品德的发展。因此,评价应该动静结合,关注学生思想品德的过去、现状和未来发展趋势;评价应该过程与目标相结合,重视形成性评价,不仅要重视学生品德目标达成的评定,更要重视形成性评价,把握学生的品德成长过程,及时了解学生在品德活动过程中的效果,尤其是了解存在的问题和缺陷,以便及时调整品德活动过程,引导学生发扬优点、克服缺点,自觉调控自己的行为,并改善德育工作,提高学校德育工作的质量和效益,实现学生品德境界的真正提升,实现由知到行的转化。

3. 定性评价与定量评价相结合

定性评价是对学生品德进行性质上的评价,往往反映的是无法被量化的内隐的因素,比如道德认识的状况和水平,这是没有具体标准可以衡量的,因此通过定性研究有利于描述品德整体中各要素的变化情况。但是,定性评价存在主观性和随意性的缺点,评价结果也难以通过横向比较去区分不同学生的思想差异程度。品德定量评价是对学生品德的量化资料进行统计分析而得出的评价,它的优点在于对评价结果的表述比较准确、客观,便于进行横向的分析比较。但是,在思想品德评价中,不可能绝对数量化,定量评价有其局限性。因此,只有定性评价与定量评价两者结合互补,描述性评价、档案袋评价、表现性评价、交流评价、量化等方法综合运用,才能客观地反映学生的思想品德的全貌,使品德评价的结论更加科学。

4.教师评价与家长评价、学生互评和自评相结合

在对学生品德发展情况进行评价时,应当进行多元主体评价,不孤立地进行某一主体的评价,应把教师评价、学生评价、家长及社会评价有机地结合起来多渠道反馈信息,以促进学生品德的发展。

二、充分发挥自我评价的作用

学生思想品德的形成与发展,既不是其内部的自然生成,也不是依靠外部的灌输,而是内外部因素的相互作用下,主体自主建构的结果。学生品德的形成具有主客体同一性的特征。因此,学生品德评价必须充分重视学生的自我评价,唤起学生内部发展的动力,提升、增强学生的道德自我意识和道德责任感,获得良好的自我教育效果。在开展学生品德评价活动的过程中,教师要努力创设条件,为学生提供自我认识和反省的机会。如,在评价方案的设计阶段,主动吸收学生参与,听取学生的意见,引导学生寻找教育要求与学生需求的契合点。在评价指标的设计中,给学生更多的自主权,如可在一、二级指标的统一规范下,由学生根据自己的意愿和思想品德的实际发展水平,选择适合自己的三级个体发展指标,而并不强求三级指标设置的一致性。在确定评价指标后,应指导学生根据指标要求制定品德发展策略,如具体的活动方式、行为方式、途径和方法,使学生成为自身思想品德形成、发展的规划者与建构者。在评价操作中,要积极发挥学生自我评价的作用,通过自我总结、自我检查、自我认识、自我反省达到自我监督、自我调适、自我提高的目的。在评价结果反馈阶段,要充分尊重学生的意见,允许学生持有和保留与评价结果不同的看法,让学生充分发表自己的意见。

三、以激励为主,突出正面引导

学生品德评价应当使学生获得成长的内在动力,充分调动和激励学生自我发展的积极性。因此,评价要以激励为主,注重学生在评价过程中的积极体验。品德评价的激励性表现为教师在制定评价指标、为学生制定发展计划时,给予学生关怀和指导,为其进步创设条件,并在过程中给予必要的教育和帮助。评价的激励性也包括在评价反馈时,给予学生充分的肯定与激励。为此,在学生品德评价活动中,应当关注学生身上的闪光点,当他们有所感悟、有所改进、有所进步时,及时以激励性的话语和行为给予鼓励;当他们遭遇困难、挫折而动摇、徘徊时,热情地给予帮助和指导。要努力营造宽松、愉悦的评价环境,使学

生自觉、自愿地参与评价。学生的互评,要提倡善于发现他人的优点,学会欣赏他人和向他人学习。学生的自评,应以自我反思为主,寻找自身存在的不足,明确努力的方向。教师评价,则应在一分为二的基础上,以肯定、表扬为主,充分肯定学生的优点,指出其不足,给学生以鼓励。

品德评价的激励性也体现在对学生的正面引导方面,发挥评价活动对学生高尚品德的积极导向功能。例如,进行学生品德评价指标或评价问题的编制时,既要考虑如何引导学生真实地反映情况,获得学生品德行为状况的实际资料,同时又要十分注意项目或问题的组织、表述是否有积极的导向性。如在了解学生是否诚实和学习上有无作弊行为时,不适宜提出"你撒过谎吗?""很多同学都抄袭作业,你有过吗?"等这样的问句,来让学生选答"有",或"偶尔有",或"从未有"。而应当从正面提出"讲真话,尤其是在讲真话对自己不利时(如挨批评、影响班集体荣誉时),仍能够坚持讲真话,不弄虚作假"和"遵守考场纪律,考试不作弊",然后让学生在"能自觉遵守"、"老师在时遵守"、"有时作弊"等选项上选答。其目的是通过评价活动,不仅能让教师和学生自己了解其行为表现,同时也使评价过程成为对学生规范行为的引导和教育过程。

第三节　中小学品德评价的指标体系

一、学生品德评价的内容

品德评价内容是评价的基础,是判断学生品德发展水平的依据。学生品德评价的内容要根据教育目标、德育目标、《中小学生日常行为规范》和《中小学生守则》的要求来确定。一般包括以下几个方面:[①]

1.政治立场

主要考察学生的政治品质。政治品质受到一定社会经济制度的制约,具有鲜明的阶级性和时代性。在我国现阶段,政治品质主要考察学生对国家、政党和社会制度的认识。例如,是否拥护中国共产党的领导;是否尊敬国旗、国徽、国歌;是否了解祖国的历史和文化;是否有上进心,积极参加团队活动,向党、团组织靠拢;是否关心国家大事,了解国家政策和世界发展情况等。

2.思想品质

主要考察学生的各方面思想和观点,以及学生的人生观和世界观。例如,是否树立了无产阶级的阶级观、集体主义精神、劳动观和辩证唯物主义观;是否

---

① 胡中锋.教育评价学.北京:中国人民大学出版社,2008年版,第287页

树立了正确的人生观、友谊观和审美观等,以及在实际生活中是否形成具体的生活态度和各方面的思想。

3.道德品质和行为习惯

道德品质由知、情、意、行四方面构成,具有社会关系的制约性、道德意识与道德行为的统一性、自主性等特点。现阶段对中小学生道德品质的要求主要包括自我修养、待人接物、集体观念、公德心等方面的内容。例如,是否能够尊敬师长、礼貌待人、热爱集体、勤奋学习、积极参与社会实践活动等。

4.个性心理品质

主要考察学生心理面貌的独特性。例如,是否具有开朗的性格、坚强的意志、创新进取的精神、健康的人格、良好的人际关系以及自我意识的发展等。

以上四个方面是在构建中小学生品德评价指标体系时,应当包括的四个方面,而上述内容在实际使用时,应该根据评价的目的和学生的年龄阶段的不同,因人、因目的而异地加以侧重。

二、品德评价指标体系及其建构的主要依据

品德评价指标体系是品德评价目标的层次化和具体化,包括品德评价的类目、项目或者指标,也包括说明品德状况与水平的标志。

德育目标是德育评价的依据,但目标一般不能直接成为评价指标,因为一般而言,目标带有某种程度的原则性、抽象性和概括性。指标虽应体现和反映目标所规定的内容,但它是具体的、可测量的、行为化和操作化的目标。我国的德育目标和评价指标体系是根据我国社会主义教育方针和党、国家有关德育工作的指示、政策、法规、中小学德育大纲,以及中小学生身心发展的规律制定的。

1.依据社会对学生品德发展的要求

学生品德的发展只有符合社会的需要和价值要求,才能实现其社会价值,从而得到肯定的评价。社会对学生发展的要求首先体现在国家颁布的政策、法令和相关文件中,如《中华人民共和国宪法》、《中共中央关于改革和加强德育工作的通知》、《中共中央关于加强社会主义精神文明建设若干重要问题的决议》等政策法令。在这些国家政策法令中,社会对学生品德发展的目标和要求有纲要性的体现。例如,2005年5月11日教育部出台《整体规划大中小学德育体系的意见》(以下简称《意见》),整体规划大中小学德育体系,对不同教育阶段学生的德育目标、内容、课程、活动、渠道进行了系统规划。《意见》强调"整体规划大中小学德育体系,要坚持把邓小平理论和'三个代表'重要思想作为根本指针,把培养有理想、有道德、有文化、有纪律的'四有'公民作为根本目标,把帮助青少年学生树立正确的世界观、人生观、价值观作为根本任务。""把理想信念教

育、爱国主义教育、公民道德教育和基本素质教育贯穿始终。"另外,社会舆论、一定时期社会所树立的榜样等,也都直接代表着社会对学生的道德认知、品德情操和行为规范的期望和要求。通过对国家政策法令、社会舆论、社会榜样的分析,可以把握社会价值观的基本要求。据此设立的学生品德评价指标也就很好地反映了社会价值观的需求。

2. 依据德育大纲和行为规范的要求

国家教委颁布的《小学德育纲要》、《中学德育大纲》、《中小学生日常行为规范》、《中小学生守则》是国家教育行政部门制定并颁布的以纲要、规范形式规定的德育内容、工作和目标的指导性文件。它们明确反映社会、国家对学生的品德要求,是学校对学生进行品德教育的重要指南。在设计品德评价指标体系时,必须根据德育大纲和行为规范的规定,设置品德评价的指标和基本评定标准。

3. 依据品德结构的要求

品德结构不是一个单一的维度,它是由不同的子结构所构成的多方面、多层次的结合统一体。从品德的心理层面来看,学生的品德是由道德认识、道德情感、道德意志、道德行为四个要素构成的统一体,它们相互联系、相互作用,四者缺一不可,任何一种思想品德,都是在知、情、意、行四要素的相互影响、相互促进的过程中形成和发展的。从品德的社会层面看,学生的品德结构由政治品质、道德品质和思想品质三者构成。因此,品德评价指标体系的设计应当依据品德结构,不能只单纯强调品德的某一方面,品德评价指标体系必须反映学生品德结构的整体发展,反映学生品德发展的全貌,才有利于促进学生品德的形成和发展。

4. 依据学生身心发展的特点和自我发展的需求

学生的爱国情感,文明行为习惯,良好道德品质,遵纪守法意识,科学的世界观、人生观、价值观和社会主义理想信念,是一个通过教育和自我教育逐步形成和发展的过程,具有呈阶段性渐进的发展年龄特征。学生在各个年龄阶段会表现出不同的心理特征,对品德发展的要求具有不同的接受性和表现性。而且,学生身心发展还存在明显的个别差异,即使是同一年龄阶段的学生,在品德发展的各个方面也会存在不同的差异。因此,在设计学生品德评价指标体系时,应当考虑不同教育阶段、不同学生的身心特点、思想实际和理解接受能力,体现不同层次的品德要求,增强品德评价指标体系的针对性和指导性。一般可以分四个阶段来设计品德评价的指标体系:小学低年级(1-3 年级)、小学高年级(4-6 年级)、初中、高中。学生品德行为表现可以按照他们品德发展过程中的不同层次水平分三个等级进行考查:A 级是自觉行为,其表现是无需别人监督,能自觉约束自己的行为。B级是遵从性行为,大多数情况下不需要监督,但常因为认识不够深,行为停留在表面或机械模仿。C级是被动行为或不良行为。

三、中小学品德评价指标体系的参考案例

1.上海青浦区实验小学的德育评价改革实践

上海青浦区实验小学是国家教委授予的"全国小学德育整体改革实验学校",该校坚持德育改革实验,在尊重小学生身心发展规律的基础上,运用现代教育评价理论和方法,制定了青浦实验小学学生思想品德评价标准[①]。

制定评价标准的主要依据:国家相关的方针、政策、法律、法规、条例和规范;《小学生思想品德课教学目标》和《小学思想品德课教学大纲》中对小学生思想品德教育的教学要求;相关的学科知识及学术界关于德育方面的研究成果等;实践的经验,包括青浦实验小学、其他学校和地区,以及国外的成功经验;青浦实验小学的实际情况,尤其是学校在实施素质教育中所提出的"四个学会"目标体系。

小学生思想品德评价标准设有四个评价主体,即学生自己、同学、家长和教师,不同的主体评价的评价侧重点不同,因此共有四个不同评价主体使用的评价标准。每一评价标准都包含指标体系和概括性问题两部分。指标体系用于定量处理,概括性问题用于定性描述。小学生品德评价标准具体见表4-1至表4-4。教师评、家长评、自评、互评在1—3年级学生品德评价中的权重分别为:0.25,0.26,0.23,0.26;在4—6年级学生品德评价中的权重分别:0.23,0.23,0.27,0.27。

实施评价时,不同的评价主体对照评价标准,在评定等级栏内填上A、B、C或D中的一个等第,即如果做到等级内容中4项,填A(4分);如果做到等级内容中3项,填B(3分);如果做到等级内容中2项,填C(2分);如果只做到等级内容中1项或1项都没有做到,填D(1分),并且在做到的等级内容上打"√"。评价结果按总分划分为四等:总分≥3.6为优秀;3.0≤总分<3.6为良;2.4≤总分<3.0为合格;总分<2.4为须努力。划分等级的分数段可以根据实际情况作适当调整。

(1)小学生思想品德评价标准——教师评价

1)指标体系(见表4-1)。

2)概括性问题:①请您至少写出这个学生的一个优点,并对他(她)保持这一优点提些建议;②请您对这个学生在学习、生活上的一些变化进行描述;③请

---

① 张辉华,雷顺利.小学生思想品德评价标准——记上海青浦区实验小学的德育评价改革实践.中小学管理,2002(8):24—27

您对这个学生的性格和个性（包括创新性和实践能力方面）进行描述。

表 4-1   小学生思想品德评价标准——教师评价指标体系

评价对象	指标体系	权重	评价标准	评定等级
小学生思想品德	1.热爱祖国（注）	0.13	1.升国旗肃立，唱好国歌，行好队礼。 2.热爱少先队组织，佩戴红领巾。 3.坚持读报、听广播、看新闻，关心时事。 4.遵纪守法。	
	2.敬师爱友	0.12	1.主动向老师问好。 2.听从老师教导。 3.尊重、体谅同学。 4.积极参加献爱心活动。	
	3.诚实、知错能改	0.12	1.不说谎话。 2.不弄虚作假。 3.勇于承认并改正错误。 4.为人正直，不隐瞒事实真相。	
	4.热爱劳动、勤俭节约	0.10	1.认真做值日。 2.乐于参加集体活动和公益劳动。 3.热爱公物。 4.衣着朴素。	
	5.合群与合作	0.10	1.喜欢与同学交往、相处。 2.乐于协作完成任务。 3.在集体活动中相互合作。 4.会协调同学间的关系，解决同学间纠纷。	
	6.参加学校集体活动	0.10	1.积极参加小队活动。 2.愉快地参加班级活动。 3.主动参加身边团体活动。 4.乐于参加社会实践活动。	
	7.辨别是非、做事有毅力	0.12	1.不看不健康读物。 2.能纠正不良行为。 3.做事有始有终。 4.能坚持克服困难。	
	8.对待困难与挫折	0.11	1.遇到困难和挫折不慌张。 2.冷静地分析困难和挫折。 3.主动寻求别人的帮助。 4.独立地克服困难和挫折。	

续表

评价对象	指标体系	权重	评价标准	评定等级
小学生思想品德	9.课堂表现与完成作业	0.10	1.不迟到,不早退,不旷课。 2.遵守纪律,认真听课。 3.认真及时地完成作业及递交作业。 4.在学习过程中能积极动脑提问。	

注:先评第1大项里面的第4条,如第4条达不到者,即该生有触犯法律或违反校纪校规受到处分的,实行一票否决制,也就是说,该学生的整个思想品德评价等级为"须努力"。

(2)小学生思想品德评价标准——家长评价

1)指标体系(见表4-2)。

表4-2 小学生思想品德评价标准——家长评价指标体系

评价对象	指标体系	权重	评价标准	评定等级
小学生思想品德	1.孝敬长辈	0.11	1. 进出门打招呼。 2.尊敬长辈。 3.能记住父母的生日。 4.理解和分担父母的难处。	
	2.体贴、与父母沟通	0.10	1.主动帮助父母做家务。 2.关心父母身体状况。 3.主动与父母讲自己学习、生活方面的事。 4.经常与父母谈心。	
	3.礼貌待人	0.10	1.主动迎送客人。 2.与客人大方地交谈。 3.能与小客人愉快地玩耍。 4.主动为客人端茶送水。	
	4.与他人交往	0.09	1. 与班级同学友好相处。 2.与邻居和伙伴一起学习、玩耍。 3.善于与他人沟通。 4.能为其他小朋友之间的和解出力。	
	5.学习习惯	0.11	1. 课前预习,课后复习。 2.独立认真完成作业,不抄袭,不偷懒。 3.阅读各种课外读物。 4.有自己的特长和兴趣爱好。	

续表

评价对象	指标体系	权重	评价标准	评定等级
小学生思想品德	6.生活习惯	0.09	1. 每天早晚洗脸刷牙。 2.不偏食,不挑食,不暴饮暴食。	
	7.节俭	0.09	1. 爱惜粮食,不浪费水电。 2.不比吃穿。 3.不乱花零用钱。 4.学会储蓄。	
	8.诚实	0.11	1. 不说谎话。 2.不隐瞒事实真相。 3.不弄虚作假。 4.为人正直,尊重事实。	
	9.对待困难和失败	0.11	1. 遇到挫折不急不躁。 2.遇到挫折能寻求父母与邻里的帮助。 3. 遇到挫折能利用现代通讯工具。 4.遇到挫折能自己努力解决。	
	10.热爱生活小区	0.09	1.维护社区卫生。 2.保护社区的花草树木。 3.参加社区活动。 4.对人友善,互帮互助。	

2)概括性问题:①您的孩子有哪些兴趣和爱好,特长是什么;②您的孩子在空闲时间里,通常做哪些事;③您的孩子在日常生活中的脾气怎样;④您认为您的孩子在做哪些事时具有创意性。

(3)小学生思想品德评价标准——学生自我评价

1)指标体系(见表4-3)。

2)概括性问题:①您有哪些兴趣和爱好,特长是什么;②请结合一个具体事例,说说在遇到困难和失败时,您是怎样做的;③说说自己有哪些优点,谈谈以后怎样保持和发扬这些优点;④说说自己存在哪些不足,谈谈应该如何改正这些不足。

表 4-3 小学生思想品德评价标准——学生自我评价指标体系

评价对象	指标体系	权重	评价标准	评定等级
小学生思想品德	1.课堂表现	0.15	1. 不迟到,不交头接耳。 2.认真听讲。 3.踊跃发言。	
	2.友爱同学,帮助他人	0.15	1.使用礼貌用语。 2.对同学友善,互帮互助。 3.主动关心、帮助有困难的同学。 4.帮助同学认识并改正缺点。	
	3.与同学交流、合作	0.14	1.乐于与同学交往。 2.能与同学友好相处。 3.能化解同学间的纠纷。	
	4.诚实和守信	0.17	1.不说谎话。 2.答应别人的事情努力办好。 3.不隐瞒自己和他人的错误。 4.为人正直,不弄虚作假。	
	5.节俭	0.13	1. 节约水电。 2.不乱花零用钱。 3.不比吃穿。 4.学会储蓄。	
	6.参加活动	0.11	1.愉快地参加班级和学校活动。 2.乐于参加社会公益活动。 3.不参加不健康及危险活动。	
	7.卫生习惯和爱护公物	0.15	1.穿戴整洁,注意个人卫生。 2.不在黑板、墙壁、课桌上涂抹乱画。 3.爱护学校的花草树木。 4.自觉维护学校和公共场所的环境清洁。	

(4)小学生思想品德评价标准——学生相互评价

1)指标体系。学生相互评价的指标内容与自我评价的指标内容一致,具体见表 4-3。

2)概括性问题:①请您结合具体事例,谈谈这位同学在哪些方面具有创意性;②请您说说这位同学有哪些优点,并为他(她)保持和发扬这些优点提些建议;③请您说说这位同学还存在哪些不足,并为他(她)改正这些不足提些建议。

2.中小学品德评价指标体系的主体框架

我国学者根据国家对不同年龄阶段学生的品德发展要求,构建了小学生品德评价指标体系和中学生品德评价指标体系的主体框架①。小学生品德评价指标体系按低、中、高年级阶段分别设计。每一阶段又分为四个一级指标,即 A1政治思想、A2 品德纪律、A3 学习劳动、A4 体育卫生,以下再分解为 25 个二级指标。中学生品德评价指标体系按照初中、高中两个阶段分别设计,每个阶段都有三个一级指标,即 A1 政治觉悟、理想抱负,A2 道德情操、行为风貌,A3 个性心理素质和能力,以下再分别分解出 30 个和 33 个二级指标。小学低年级、小学中年级、小学高年级、初中、高中五个评价指标体系具体见表 4-4 至表 4-8。

表 4-4   小学低年级学生品德评价指标体系

一级指标	二级指标
A1 政 治 思 想	B1 知道自己是中国人,知道自己的家乡。 B2 知道我国是社会主义国家,知道党和国家的主要领导人。 B3 知道中国共产党过去领导人民进行革命斗争,建立了新中国,现在又领导人民进行"四化"建设。 B4 知道在我国,工人、农民、解放军、知识分子和其他劳动者都是人民;人民是国家的主人;各族人民共同建设我们国家。 B5 升国旗、奏国歌时立正、敬礼。
A2 品 德 纪 律	B6 尊老爱幼,友爱同学,主动帮助有困难的人和残疾人。 B7 尊敬师长,对人有礼貌,会用日常礼貌用语,不打人,不骂人。 B8 到他人房间先敲门,不打扰别人的工作和休息。 B9 不说谎;有错就改;不随便拿别人的东西,借东西要还;拾金不昧。 B10 按时上学,不迟到,不早退,不逃学,有事、有病请假。 B11 课间活动守纪律。 B12 外出走人行道,过路走斑马线;不在马路上追逐打闹。
A3 学 习 劳 动	B13 爱惜粮食和学习生活用品,节约水电;爱护公共财物。 B14 不玩火,防触电,不做危险性游戏。 B15 天天佩戴红领巾。 B16 上课专心听讲,大胆发言,回答问题声音响亮。 B17 按时独立完成职业,书写认真。 B18 学习成绩有进步。 B19 考试不作弊。 B20 认真做值日,不怕脏,不怕累。 B21 自己衣物、用品摆放整齐,会洗自己的手帕、红领巾和袜子,会收拾书包。

---

① 侯光文.教育测量与教学评价.济南:明天出版社,1991 年版,第 483—494 页

一级指标	二级指标
A4 体 育 卫 生	B22 爱唱歌跳舞,爱做游戏;认真上体育课。 B23 认真做眼保健操、早操、课间操。 B24 穿戴整齐;经常洗澡,勤剪指甲、勤洗头,早晚刷牙漱口,饭前便后洗手,不乱丢乱吐。 B25 读写姿势端正。

表 4-5　小学中年级学生品德评价指标体系

一级指标	二级指标
A1 政 治 思 想	B1 知道我国是多民族国家;各族人民要团结友爱、互相尊重。 B2 初步了解我国历史上杰出人物的爱国精神和优秀品质,初步了解家乡的物产、名胜古迹、著名人物。 B3 知道并学习老一辈无产阶级革命家和优秀共产党员英勇奋斗、大公无私的事迹。 B4 知道我国人民具有勤劳智慧、勇敢顽强的优秀美德。 B5 升国旗、奏国歌时要敬礼。
A2 品 德 纪 律	B6 积极进取,不怕困难;不骄傲,虚心向别人学习。 B7 尊敬师长,尊老爱幼,主动帮助有困难的人和残疾人;不打扰别人的工作和休息。 B8 友爱同学,不打架,不骂人。 B9 不说谎;有错就改;不随便拿别人的东西,借东西要还;拾金不昧。 B10 按时上学,不迟到,不早退,不逃学,有事、有病请假。 B11 遵守学校规定的课堂、课间和课后纪律。 B12 遵守交通规则,不在马路上打闹、玩耍,行路走人行道,过马路走人行道。 B13 不挑吃穿,爱惜粮食和学习、生活用品,节约水电。 B14 自觉遵守公共场所秩序,爱护公共财物。 B15 天天佩带红领巾和队徽,积极参加少先队的活动。
A3 学 习 劳 动	B16 上课专心听讲,独立思考,积极发言。 B17 课后认真复习;按时独立完成作业并认真检查,作业书写认真。 B18 积极参加第二课堂活动。 B19 考试不作弊。 B20 积极参加值日工作和公益劳动,劳动中不怕苦,不怕累。 B21 积极参加力所能及的自我服务劳动和家务劳动。

续表

一级指标	二级指标
A4 体 育 卫 生	B22 自觉锻炼身体,上体育课纪律好。 B23 认真做眼保健操、早操、课间操。 B24 穿戴整齐,经常洗澡,勤剪指甲、勤洗头,早晚刷牙漱口,饭前便后洗手,不乱丢乱吐。 B25 读写姿势端正。

表 4-6   小学高年级学生品德评价指标体系

一级指标	二级指标
A1 政 治 思 想	B1 初步了解家乡的物产、名胜古迹、著名人物,了解祖国壮丽山河、悠久历史、灿烂文化以及"四化"建设的成就。 B2 了解祖国各族人民和杰出人物对祖国和世界的伟大贡献。 B3 知道中国共产党过去领导人民进行革命斗争,建立了新中国,现在又领导人民进行社会主义现代化建设。 B4 知道我国人民的传统美德,懂得人民的利益高于一切。 B5 升国旗、奏国歌时要敬礼。
A2 品 德 纪 律	B6 积极进取,勇于创新,不怕困难;不骄傲,不妒忌,虚心向别人学习。 B7 尊敬师长,尊老爱幼;对人有礼貌,主动帮助有困难的人和残疾人;不打扰别人的工作和休息。 B8 友爱同学,不打架,不骂人。 B9 不说谎;有错就改;不随便拿别人的东西,借东西要还;拾金不昧。 B10 按时上学,不迟到,不早退,不逃学,有事、有病请假。 B11 自觉为集体做好事,个人服从集体。 B12 课外参加有益活动,看有益的书刊、录像。遇到坏人坏事主动报告,敢于斗争。 B13 生活简朴,不乱花零用钱。 B14 自觉遵守公共场所秩序,遵守交通规则,保护名胜古迹、文物。爱护公共财物。 B15 天天佩戴红领巾和队徽,积极关心、参加少先队的活动。
A3 学 习 劳 动	B16 上课专心听讲,独立思考,敢于发表不同意见。 B17 课后认真复习;按时独立完成作业并认真检查,作业书写认真。 B18 积极参加第二课堂活动。 B19 考试不作弊;课后认真总结,分析并弄懂错题。 B20 积极参加值日工作和公益劳动,劳动中不怕苦,不怕累。 B21 能主动帮助家长做家务劳动,能有条理地收拾自己的生活、学习用品。

续表

一级指标	二级指标
A4 体 育 卫 生	B22 初步养成锻炼身体的习惯,认真遵守体育课纪律。
	B23 认真做眼保健操、早操、课间操,读写姿势端正。
	B24 有良好的个人卫生习惯,穿戴整齐;经常洗澡,勤剪指甲、勤洗头,早晚刷牙漱口,饭前便后洗手。
	B25 讲究公共卫生,不乱丢乱吐。

表 4-7　初中学生品德评价指标体系

一级指标	二级指标	三级指标
A1 理想抱负 政治觉悟	B1 政治觉悟	C1 拥护四项基本原则。
		C2 懂得中国共产党领导全国人民实现四化,它的最终目标是实现共产主义。
		C3 关心时事政治,响应学校号召。
		C4 有惜时守信、讲究效益、重视质量的思想观念。
	B2 理想抱负	C5 有为"四化"而学的学习目的。
		C6 正确对待升学与就业,树立为人民服务的思想。
		C7 有为"四化"锻炼身体的志向。
	B3 热爱祖国	C8 热爱祖国,升国旗、奏唱国歌肃立、敬礼。热爱家乡,关心家乡建设。有民族自尊心、自豪感。
		C9 懂得祖国的利益高于一切,立志建设祖国、保卫祖国。
A2 道德情操 行为风貌	B4 热爱人民	C10 尊重他人,敬老爱幼,帮助残疾人。
		C11 尊重全体教职工,尊重长辈,关心兄弟姐妹。
		C12 团结同学,助人为乐。
	B5 热爱科学	C13 课前做好预习。
		C14 上课专心听讲,勇于提出问题,敢于发表自己的见解,积极回答老师的问题。
		C15 认真复习,按时独立完成作业。
		C16 遵守考试纪律,考后认真总结。
		C17 热爱科学,相信科学,积极参加课外活动。
	B6 热爱集体	C18 热爱班级和学校集体,爱护集体荣誉。
	B7 热爱劳动	C19 积极参加自我服务性劳动及公益劳动。
		C20 爱护劳动成果和公共财物。
		C21 勤俭节约,生活简朴。

续表

一级指标	二级指标	三级指标
A2 道德情操 行为风貌	B8 遵纪守法	C22 不迟到,不早退,不旷课;遵守学校各项纪律制度。 C23 举止文明,不打架,不骂人,不说脏话,不看不健康的书刊、录像,不听不唱不健康的歌曲。 C24 遵守交通规则,遵守公共秩序,对违反社会公德的行为进行劝阻。 C25 拾金不昧,不受利诱。遇见外宾,以礼相待,不卑不亢。
	B9 讲究卫生	C26 有良好的卫生习惯,常洗澡、勤换衣,不吸烟,不喝酒。积极锻炼身体。 C27 注意公共卫生,不随地吐痰,不乱扔纸屑果皮。
A3 个性心理 素质和能力	B10 心理卫生	C28 诚实正直,自尊自强。 C29 积极向上,不怕困难。
	B11 能力	C30 有分辨是非能力,能开展批评与自我批评。富有自信心和自制力。

表 4-8　高中学生品德评价指标体系

一级指标	二级指标	三级指标
A1 政治觉悟 理想抱负	B1 政治觉悟	C1 正确认识社会主义建设与改革开放的形式。热爱中国共产党,拥护四项基本原则。 C2 基本上能运用马克思主义观点和方法贯彻分析社会现象,从实际出发全面看问题。 C3 关心时事政治,响应学校号召。 C4 有与发展社会主义经济相适应的思想观念,惜时守信、重视质量、讲究效益。
	B2 理想抱负	C5 有为"四化"、为振兴中华而学的学习目的。 C6 有正确的生活理想和职业理想,正确对待升学与就业,有为人民服务的思想。 C7 有为"四化"锻炼身体的志向。
	B3 热爱祖国	C8 有与祖国休戚相关的感情,有民族自尊心、自豪感。 C9 立志建设、保卫祖国,为祖国富强、人民富裕贡献青春。 C10 祖国的利益高于一切,维护民族团结和祖国统一。

一级指标	二级指标	三级指标
A2 道德情操 行为风貌	B4 热爱人民	C11 有献身人类进步以及世界和平事业的思想。 C12 尊重他人,敬老爱幼,帮助残疾人,尊重妇女。 C13 尊重全体教职工,尊重长辈,关心兄弟姐妹。 C14 团结同学,助人为乐。
	B5 热爱科学	C15 课前做好预习。 C16 上课专心听讲,勇于提出问题,敢于发表自己的见解,积极 　　回答老师的问题。 C17 认真复习,按时独立完成作业。 C18 遵守考试纪律,考后认真总结。 C19 热爱科学,相信科学,积极参加课外活动。
	B6 热爱集体	C20 正确对待国家利益、集体利益、个人利益。 C21 热爱班级和学校集体,爱护集体荣誉。
	B7 热爱劳动	C22 有良好的劳动习惯,有较强的生活自理能力,艰苦奋斗,积 　　极参加各项活动。 C23 爱护劳动成果和公共财物。 C24 勤俭节约,生活简朴。
	B8 遵纪守法	C25 不迟到,不早退,不旷课;遵守学校各项纪律制度。 C26 举止文明,不打架,不骂人,不说脏话,不看不健康的书刊、 　　录像,不听不唱不健康的歌曲。 C27 遵守公共道德,遵守交通规则,遵守公共秩序,对违反社会 　　公德的行为进行劝阻、抵制。 C28 拾金不昧,不受利诱,不失人格,遇见外宾以礼相待,不卑 　　不亢。
	B9 讲究卫生	C29 有良好的卫生习惯,常洗澡、勤换衣,不吸烟,不喝酒。积极 　　锻炼身体。 C30 注意公共卫生,不随地吐痰,不乱扔纸屑果皮。
A3 个性心理 素质和能力	B10 心理素质	C31 诚实正直,自尊自强。 C32 积极向上,坚毅勇敢,不怕困难,敢于创新。
	B11 能力	C33 对不良影响有一定识别能力和抵制能力,具有一定的自我 　　教育和自我管理能力。

第四节　中小学品德评价的基本方法

　　学生品德评价的具体操作方法是多种多样的,主要可以分为定性的方法、定量的方法和综合的方法。

一、定性的方法

1. 操行评语鉴定法

操行评语鉴定法是教师根据自己对学生的观察了解,针对有关规范标准的内容,用陈述句的形式,对学生某一时期中的品德表现行为概括地给出个人鉴定意见。操行评语鉴定法可以独立使用,也可以将操行评语鉴定法与其他评价方法结合使用,对其他评价方法的结果进行补充、说明和解释。在后一种情况下,操行评语鉴定法常常以附言、意见、希望、说明等形式出现。

使用操行评语鉴定法进行学生品德学习的评价,应该注意做到如下几点:

(1)内容具体,抓住特色。操行评语要展示学生的个性化,内容上要避免模式化、程式化;语言上要避免套话连篇,空洞模糊,彻底废除千篇一律、千人一面的鉴定式评语,用发展的眼光善待每一个学生,善于发现每一个学生的潜能和闪光点,在充分肯定成绩的基础上提出新的希望。操行评语不但评价面要宽,而且内容要具体。既要指出后进生的优点,也要指出优等生的缺点。

(2)用语亲切,注入情感。操行评语要避免命令式、指责式、鉴定式,而要采取谈心式、对话式、商讨式,建立师生平等和谐的关系,使学生保持一种积极的心态,情感朝着健康的方向发展,利于情感和思想的交流。行文表述时,语气要诚恳,语言要委婉。要尽量使用第二人称,变"该生"为"你",直接面对学生,用朋友的口吻,进行面对面的交流,让学生读来感到亲切、温暖,感到老师在与他进行心与心的沟通,利于促进其不断进步。

(3)实事求是,恰如其分。对学生的评语既不一味贬斥,也不无限拔高。一份完整的评语,内容上应该包括三部分:赞扬进步—指出不足—提出建议。教师要辩证地分析和全面地评价学生。辩证地分析要求评语客观公正,不能全盘否定,也不能以偏概全。要抓住特点,写出个性。只有抓住学生的特点,在评语中真正写出其个性,才能体现针对性。要多从正面引导,以鼓励为主。

(4)把握分寸,满怀期待。对于学生的缺点与不足的指出要把握分寸,避免对其自尊心的损伤。可以以褒的口吻写出贬的成分,或以幽默风趣的语言巧妙地指出其不足,尽量做到"良药不苦口,忠言不逆耳"。

以下是两位教师对同一位学生的评语:

教师 A:该生基本上能够团结同学,关心集体,尊敬师长,但爱卖弄小聪明,基础差、成绩提高不快,数学考试曾得过全班倒数第一名,望引以为戒,下真工夫学好知识。

教师 B:你对班中每一位同学都那么好,他们都乐于与你做朋友,你能告诉我秘诀吗？你为了我们班能够获得"流动"红旗，曾多次拿着劳动工具出现在校园的垃圾死角里。我们都佩服你的聪明，记得那次猜谜语时，是你第一个把手举起，并且毫无差错地说出了谜底。我相信，你同样会把那不怕苦的精神和聪明用在学习上，为班争光，可以吗？

不难看出，两份评语差异是很显著的。一份是严肃冷峻，缺乏情感，突出缺点，让人感觉学生问题很严重。一份感情真挚，突出优点，传递着老师对学生的关切、期望与爱心。且不说学生看了之后会有什么样的心理感受，单就普通家长来说，看了第一份评语后肯定会对孩子很失望，看了第二份评语后则会对孩子充满信心。

2.道德生活叙事法

道德生活叙事即是叙事主体借助于对平凡而又有深刻意义生活事件的叙述，发掘或揭示内隐于这些事件、经验和行为背后的道德思想和价值观念，以促进学生核心价值观和健康人格形成发展的活动过程。

道德生活叙事既是一种道德教育方法，同时也是一种品德评价方法。"儿童的品德和社会性源于他们对生活的认识、体验和感悟。"当学生述说自己亲身经历的生活故事时，看似没有对自己做出评价，其实已经将评价融入了故事的情节之中。因为，学生在生活故事的叙述中自然而然地会夹杂着自己对于事件的评价，对于故事中主人公"我"的看法，以及对故事结局好坏的评判。这样没有痕迹的评价，是最真实的评价，真正发自评者内心，会真正对自评者品行的改变产生效力。

听故事的学生也并不只是倾听者，他们是叙事的参与者，他们的感受、思想、感情、对问题进行思考后得出的结论可以向叙事者进行表达，而这个表达的过程就是互评的过程。同时，教师也可以敞开心扉，向学生袒露自己的亲身体验和心路历程，讲讲自己的故事，通过"说"故事来培养学生对核心价值的体验，通过故事感动和激励学生，培养他们形成爱和责任等核心价值观。特别是在学生的意见不统一的情况下，教师可以说说自己的故事，以此引领学生。

二、定量的方法

1.知识测试法

依据学生思想品德教学内容和要求，编制一定量的测试题，测试学生对某种道德知识的掌握情况。这种方法也可以运用于道德情感的评价。

2.积分测评法

先将德育目标或规范要求具体化为一些操作行为，并用具体项目表示，具体可参见上节所述的品德评价体系。每个项目定出分数值及评分要求，并事先向学生公布,然后定期进行测评,最后累加起来即得到某一时期的品德分数。

（三）操行加减评分法

该方法是操行评语鉴定法的一种改进形式。首先根据德育目标对学生日常行为的要求提出一系列评语式的测评项目,然后对每个测评项目作出一些具体规定,指明基准标准和分数是多少,达到什么程度加多少分或减多少分。

视窗 4-1

FRC 品德测评法

　　FRC 是事实报告计算机辅助分析的考核性品德测评方法。这种品德测评方法的基本思想是,借助计算机分析技术从学生品德结构要素中确定一些基本要素,再从基本要素中选择一些表征行为或事实,然后要求学生自己就是否具备这些表征行为或事实予以报告。报告的方式可以是个别谈话,也可以是集体问卷。每个学生所报告的表征行为事实,经过光电信息处理后,储存于个人品行信息库中,然后计算机根据专家仿真系统对学生报告的表征行为进行分析,作出定性与定量的评定。

　　资料来源:肖鸣政.品德测评的理论与方法.福州:福建教育出版社,1995

4.加权综合测评法

在操行加减评分法与积分法的基础上,根据不同的评判项目、不同的评判主体及不同时空评判结果的重要性程度,在评价方案中给以不同的比重（权重）,最后总评中以各加权分计总。

三、综合的方法

1.等第评价法

即按照一定标准对被评者的品德水平和状况予以总括性的等第评价,以显示学生品德发展水平的差异。这种评价方法改变了评语评价比较笼统,不便于横向比较的缺陷,又弥补了量化评价方法繁琐,结果意义不明确的缺点。等第可以是三级制,如好、中、差;也可以是四级制,如优、良、中、差或优、良、及格、不及格;也可以是五级制,如优、良、中、可、劣。

2.情境测试法

情境测试法指测评者设置一定的情境和标准,并观察被测评者在该情境中的反应,根据事先规定的标准对被测评者的品德发展状况做出评价的方法。如诚实测验。

情境测试法可以将品德测评与游戏或日常生活结合起来,其设计巧妙,即实施了专门的品德测评,又不容易被测评者察觉到测评者的真正目的。在测评时，应该注意精心设计，首先要注意测评目的的隐蔽性，防止被测评者只是按公认的社会规则行事；其次，要注意情境设计的巧妙性，精心设计每一个环节；再次，我们也可以考虑把多个情境结合起来，从而在整体上提高这种测评方法的信度和效度。

视窗 4-2

哈特逊-梅的诚实测验（CEI）

美国心理学家哈特逊和梅（Hartshorne & May）于 1928—1930 年设计了通过实验进行思想品德测量的方法。这些测量的情景与儿童日常生活情景很相似，实施测验方式和平常的学校考试没有两样，学生在不知不觉中接受品德调查，测验结果还可以求得客观的量化分数。

测验安排：首先在课堂里实施词汇、算术推理、句子完成等测验，将试卷收回后不评分，而是复印一份。在下次上课时，同时把未改的试卷和标准答案一同公布，让学生自行批改打分。最后再次回收试卷，将学生自行打分的试卷与复印的初稿进行比对，就可以看出学生是否为获得高分而修改答案。CEI 的信度和效度都较高，但这种测验也有一定的局限性。

资料来源：胡中锋.教育评价学.北京：中国人民大学出版社，2008：302

本章内容提要

品德评价是指评价者依据一定的社会评价标准，采用科学的评价方法，有目的、系统地收集被评价者在某一时期内主要活动中的品德特征信息，进行价值判断或者直接概括与引发品德行为的过程。

品德是个人依据一定的社会道德行为准则在行动时所表现出来的某些稳固的特征，它是个性中具有道德评价意义的核心部分。个体的外在行为与其内在德行之间是紧密联系的，但并不是所有的外显行为都可以用来进行品德评价，而只有代表性品德行为才具有进行品德评价的意义。

代表性品德行为是指表现某种品德的多种行为中最具有对象意义、最有价值、又易于观察的行为。代表性品德行为主要包括以下四个方面：习惯性行为、关键性行为、角色行为和特征性行为。

进行品德评价有着非常重要的意义，它是引导学生个体品德发展的重要手段，也是完善学校德育管理的重要手段。

在开展学生品德评价的活动中，要坚持多元化综合评价，充分发挥自我评价的作用，以激励为主，突出正面引导。

品德评价指标体系的构建是根据国家颁布的学生思想品德评价的内容(包括政治立场、思想品质、道德品质和行为习惯、个性心理品质)而建立的,具体有四个方面的依据,即社会对学生品德发展的要求、德育大纲和行为规范的要求、品德结构的要求、学生身心发展的特点和自我发展的需求。

品德评价的方法,主要取决于品德评价的基本原则和准则,取决于品德评价的具体任务。本书主要介绍操行评语鉴定法、道德生活叙事法、知识测试法、积分测评法、操行加减评分法、加权综合测评法、等第评价法、情境测试法。

[拓展阅读]

1.肖鸣政.品德测评的理论与方法.福州:福建教育出版社,1995

《品德测评的理论与方法》一书,对古今中外品德测评研究与成果作了较全面的挖掘,并根据当前品德测评中的难点,从浩繁的古今中外文献中提取有关的思想方法,充分体现了古为今用、洋为中用,开发中国传统文化宝库,为现代经济建设服务的研究作风;全书在系统深入分析当前品德测评现状与问题的基础上,创立概念、建构理论、抓住难点与关键、提出对策,并潜心进行大量实验。这使全书的内容,不但观点新颖、脉络清楚、结构严谨,而且充分体现了作者严谨的治学态度和扎实的研究功底;书中对最为敏感的量化问题与最为棘手的诸多难点,均作了深刻提示与独到论述,对品德测评指标的制定,提出了颇具特色的目标库理论与方法,所建构的针对中小学生进行的 OSL 与 FRC 两种品德测评方法,对教师从事学生品德评价活动具有启示与借鉴之处。

本书的主要内容涉及品德测评的实质与必要性和可能性分析、美日等国品德测评方法的分析与启示、目前学生品德测评的改革及其基本模式等专题。

2.[美]吉诺特著,冯杨,周呈奇译.老师怎样和学生说话.海南:海南出版社,2005

老师和父母一样,都需要高水准的交流能力。聪明的老师对自己的用语非常敏感。他知道,学生获得多少知识有赖于老师教学的风格。因此,他能够善解人意,在对话中传达出对孩子的尊重和理解。他能够敏锐地感觉到哪些交流方式不利于孩子的成长。

本书的作者海姆·G·吉诺特博士,是美国著名的儿童心理学家、教育家,年轻时做过教师,在美国有大量崇拜者和追随者。他的一系列畅销书改变了美国家庭教育和学校教育所面临的窘迫处境,为数百万父母与孩子、老师与学生开辟了成功交流的有效途径。

该书在美国出版后,曾被全美教师协会推荐为教师必读书;在我国台湾出版后,曾被许多学校当课本教材使用。他把教育心理学理论变成了大量幽默而富有人情味的短剧、对话和故事情节,为所有的老师和家长提供了同孩子进行交流的方法和技巧,帮助他们正确处理孩子的学习、心理等问题,教育孩子健康成长。

3.〔美〕尼尔森著,玉冰译.正面管教.北京:京华出版社,2009

自 1981 年本书第一版出版以来,《正面管教》已经成为了管教孩子的"黄金准则",本书被翻译成 16 种语言,在美国销量超过 400 万册,在美国之外的国家销量超过 200 万册。自 1987 年第一次修订之后,每 10 年修订一次,本书根据英文原版的第三次修订版(2006 年出版)翻译,该版首印数为 70 多万册。

正面管教是一种既不惩罚也不娇纵的管教孩子的方法。孩子只有在一种和善而坚定的气氛中,才能培养出自律、责任感、合作以及自己解决问题的能力,才能学会使他们受益终身的社会技能和生活技能,才能取得良好的学业成绩。然而,如何运用正面管教方法使孩子获得这种能力呢?

简·尼尔森——教育学博士、杰出的心理学家、教育家——在本书中告诉 21 世纪的父母和老师们:

惩罚和娇纵为什么对孩子都不好,并且不管用,怎样用既不惩罚又不娇纵的正面管教方法培养孩子受益终身的良好品质,如何用正面管教方法自动消除孩子的不良行为,如何赢得孩子与父母和老师的合作,如何消解大人与孩子之间的权力之争,"超级父母"对孩子会有什么危害,各种性格的父母会对孩子有什么正反两方面的影响,父母如何发挥自己性格中的优点,避免缺点给孩子造成的不良影响,老师们如何避免对学生造成管教问题。从 3 岁到青春期的十几岁的孩子以及孩子的父母和老师,都将因为本书而彻底改变家庭和学校的气氛,改变自己的人生。

[反思与探究]

1.你认为应当如何改进学生品德评价方法,使测评本身也成为一种德育形式,对学生德行培养起到应有的促进作用?

2.品德评价一般有自评、互评、师评等形式。在最终的统计中,各形式的评价结果所占的权重各不同。这种多形式、多主体的评价的优点在哪里? 同时容易出现什么问题?

3.构建中小学生品德评价指标体系有什么基本原则?

第五章　学生学业成就的测量与评价

1.认识常用的学生学业成就测验的基本类型,并明确其使用要求。

2.理解课程标准与考试目标的关系。

3.了解布鲁纳、加涅、安德森等人的教育目标分类学的结构,思考它们对学生学业评价的不同意义;并能够根据需要,设计学科考试目标分类体系。

4.掌握测验编制的原则和程序;掌握学科测验项目细目表编制的方法。

5.认识学业测验中常用题型的功能及其编制原则。

6.理解并掌握学生测验结果分析的宏观分析方法与微观分析方法。

对学生学业成就的测量与评价,即学业考评,是学校经常性的教育活动。对学生学业考评的能力也是教师应该具备的基本能力。在现实的学业考评实施过程中,有许多教师常常从大量的可供选择的测验出版物中选取若干测验使用,或自己根据需要编制相应的测验。然而,从学生所用的测验或练习册中,我们随处可见所编的试题或练习题违背了教育测量与评价的一些基本原则,如杜撰性质的故意增加难度的题目,缺乏实际意义的文字题目,不得要领的、空格太多的填空题等,大大降低了考试或测验的有效性。那么,如何才能选择或编制一份好的学科测验或练习册?“好”的测验的标准是什么呢? 怎样的考试和命题才能客观地反映学生课业学习的进步状况,并进而能够诊断学生的学习困难、了解学生的发展潜能? 测验后的成绩又应该如何正确地报告呢?

第一节　学业成就测验的基本类型及其使用要求

学业成就测验是一类广泛用于检查学生完成学习任务、掌握知识的广度与深度,以及取得学业进步情况的教育测验。课堂教学中有许多常用的测验类型,每一种测验的编制依据和使用目的都有不同的侧重,时间的应用上也有讲究,教师应该根据实际需要,选择或编制相对应的测验。

一、依据测验分类：摸底测验、形成性测验和总结性测验

1. 摸底测验

摸底测验又称为准备性测验，通常是在学期之初或一个教学单元开始时，为了了解学生的实际水平以便有针对性地安排或调整教学内容和难度而使用的测验。使用摸底测验时，老师主要关注这样几个问题：第一，学生是否具备有效学习这一课程或这一单元所必需的知识和技能的基础，测验结果可以提醒教师，在进入新的教学内容之前，需要对哪些知识基础进行复习和补充；第二，对于将要学习的新内容，学生已经了解或掌握的范围与程度怎样，测验结果可以为教师教学过程的设计提供具体的导向，哪些内容学生已经掌握了，可以跳过去不讲或简单提一下就可以了，哪些内容则需要重点关注；第三，不同学生的知识基础、学习能力发展情况、学习特点是什么，测验结果可以为教师提供有关教学方法和教学程序方面的信息，以便教师考虑应当采用或变换怎样的教学模式，是否需要采用分组或分层教学的方法。

2. 形成性测验

形成性测验是在教学过程中进行的用于检查学生知识掌握和学习进展情况的测验，通常在一个单元或一个章节学习告一段落时实施，可以为师生双方提供有关学习成败的连续反馈信息。这种信息反馈给学生后，一方面对成功的学习起到强化作用，另一方面也让学生了解自己学习中的不足以便及时改进。教师则可以根据信息调整和改进教学工作计划，并对学生进行及时的针对性指导，帮助学生达到预期的学习目标。形成性测验的内容应当覆盖整个单元中必须掌握的基础知识、基本原理和基本技能，其题目的难易程度主要取决于所在单元的内容特点和教学要求。形成性测验一般由任课教师编制，也可以选用与教材配套出版的测验。

3. 总结性测验

总结性测验是在课程结束或一个学段结束时，用以确定教学目标达到程度和学生最终学习结果达到预期目标的程度的测验。总结性测验的主要功能在于对学生的学习情况做出全面的检查和总结，进行等级鉴定，并对学生今后的学习做出一定的预测。同时，总结性测验也是对教师教学有效性的评价。在测验内容方面，总结性测验具有不同于摸底测验和形成性测验的几个特点：第一，总结性测验涉及更广泛的教学内容，通常是一门课程或一个学期教学内容的有效抽样；第二，总结性测验具有更高的概括水平，它不仅要检查学生在基本概念、基本事实、基本原理、基本方法等方面的掌握情况，而且要从整体上检查学生运用上述基本知识去分析问题、解决问题的能力；第三，总结性测验用于等级

鉴定的目的,要求其测验题目的内容抽样更具广泛性和代表性,具有更为良好的区分度和鉴别力,因而需要有一个良好的抽样方案。正是因为总结性测验的功能和特点,人们对总结性测验的可靠性和有效性是非常看重的。因此,教师在自编总结性测验时,需要特别重视编制的原则、规范和技能。

二、依据测验参照标准分类:目标参照测验和常模参照测验

1. 目标参照测验

目标参照测验(criterion referenced test)又称标准参照测验,是用来衡量学生是否达到预期教学目标的测验。测验将个人分数与特定的教学目标内容或知识能力标准相比较,看学生是否达到标准以及达到标准的程度,评价学生是否合格,而不考虑学生在团体中的相对位置,故常用绝对评分方式记分。

目标参照测验主要用于鉴定的目的,在学校教育教学过程中的应用非常广泛。其主要有三个方面的用途:①说明学生掌握所规定的教学内容的程度,以便判断是否达到预期的或者是规定的教学目标及学习目标。②评价教师课堂教学与课程设计的有效性。③在许多情况下,需要通过目标参照测验给学生一个成绩,以提供学生的学习经历和已达水平的证明资料。

在学校教学过程中,那些以单元教学内容、课程教学目标及学科教学要求为基础编制出来的形成性测验、总结性测验等,在用卷面分数(通过率、掌握百分比)或用学生所表现出来的具体行为作为学生成就的描述时,它们都属于目标参照测验。目标参照测验所重视的是目标的达成度。换句话说,如果教学效果好,一个班,乃至一个年级的测试结果,可能是很高的。考汽车驾驶执照,就是典型的目标参照性测试,一批人参加考试,不管多少人,达标一个通过一个,全部达标就全部通过,没人达标,就没有人能合格。这里面是不存在什么"通过比例"的限制。

2. 常模参照测验

常模参照测验(normal-referenced test),是以学生所在团体测验平均成绩作为参照标准,说明某一学生在学生团体中的相对位置的测验。常模参照测验以鉴别学生个别差异为指导思想,目的是为了测得学生在所处团体中的相对水平。常模实际上即是该团体在测验中的平均成绩,学生成绩便是以常模为参照标准来确定的。这一测验衡量的是学生的相对水平,故其评分属相对评价范畴。

常模参照测验主要用于:①鉴别与评价学生能力发展的相对水平,进行个别差异的诊断与比较。这种比较不仅可以在班级内进行,还可以在校内、地区内、国内或同年龄人群中进行,以便于了解学生的学习进步与能力发展情况。

②用于教育工作中的选拔与分流方面的决策。有选拔就必须有区分,必须做分流或淘汰,因此,常模参照测验要求试题难度适中,尽量对所有学生都有较强的鉴别力和区分度。借助常模参照测验,就可以更有根据地对学生做出各种有关选拔与分流的教育决策。例如,我们的中考、高考,就是属于常模参照测验。

常模参照测验着重在个人间的比较,主要用于区分和选拔不同水平的学生,希望考生之间得分从高到低,范围要广,得分的范围越广,即变异性越大,则越能显示个别差异。这种测验要求,预期的成绩应呈钟形的正态分布,即在平均分附近两侧的考生人数占绝大部分,高分与低分的两端的人数越来越少。目标测验则要求得分范围稍窄,达标的人数越多越好,理想的成绩应是负偏态分配,它表示大部分学生成绩都较集中在中等以上。这是常规教学所要求的及格率问题,及格率越高,表明达标人数越多,教学效果越好(在试题难度比较稳定、试题数量和性质以及所要测定的内容和范围一致的条件下)。如果在测验中发现多数学生都不能正确解答的试题时,一是要检查该试题是否偏离了教学目标,二是要考虑教学方法是否得当,而不是简单地删除试题。

常模参照测验与目标参照测验是两类性质不同的考试,学校和教师需要把握好两者的关系和各自的比重。首先,教师应当要抓好抓实目标参照性测试,打好基础。平时的练习、测验、考试等试卷,教师要根据所教学生的学习情况亲自精心编制,重点应该放在教学目标的达成上,试卷难度的控制,也是紧紧围绕课程目标。要扎扎实实地上好每一节课,让学生打好坚实的基础,提高学生的学习能力。在此前提下,才能考虑逐渐增加考试中常模参照性测试题比例。到毕业班的训练时,为了在升学考试中取得优秀成绩,就要加大常模参照性考试的力度。

需要注意的问题是,在实际实施过程中,有的学校的教师,没有完全理解这两类测验的重要性和关系,平时教学赶进度,过早结束新课,以增加复习时间,尤以毕业班为甚。此时,教学目标还没有完全达成,学生还没完全理解掌握所学知识,还没有培养形成应该掌握的能力,教师就开始瞄准升学考试,做大量的升学考试模拟试卷。甚至是考什么就教什么,考什么题型就模拟什么题型。这样的考试,看似是针对升学,但考试的信度和效度根本无法得到保证。一门学科考试下来,班上十几个、甚至几十个学生不及格,到底是学生没学好这个阶段的知识,还是教师没教好这个阶段的知识,抑或是试卷根本就不是检测课程目标是否达成,而是以选拔性考试题目为主,把学生分成上中下几等的试卷,这样很难准确判断,心里没有数。这样的考试结果,无法实现检测的反馈功能,因为反馈的信息是不准确的。正确处理好目标参照测验与常模参照测验的关系,这是提高学校考试有效性不可或缺的。

三、依据测验功能分类:甄别性测验与发展性测验

1.甄别性测验

甄别性测验是以甄别和选拔为核心特征的测验,测验以筛选为目的,重视分数,强调奖惩性。

2.发展性测验

发展性测验是以改善和提高为核心的测验,测验以激励和发展为目的,淡化分数,强调激励性。许多老师在实践中创造了多种发展性测验的新形式,主要有以下几种:

(1)分层测验

在同一试卷中设计若干组不同层次的试题,其难度和要求依次递增,供学生选择,老师对学生的选择保密,并按卷面成绩积分,实施分层评价。分层测验体现"以激励为目的,允许不同的学生有不同的发展方向和发展速度"的理念,允许差异,尊重差异,让所有的学生都得到适合自己的评价。

(2)自评测验

自评测验就是在闭卷考试后学生根据老师公布的答案及评分标准自行评分并上交分数,课后自己订正并写出考后的反思,包括成功之处,存在的问题,改进方向及经验教训。老师对学生的订正和反思打分,两个得分按一定的百分比计算得到测验的成绩。老师可以对最后的打分给出一定的说明,语言要注意体现对学生的理解与包容。这种方法有利于学生了解自己的进步,评判自己的得失,发现自己的问题,从而改进自己的学习,养成自我反思的习惯,具有自我诊断以实现自我调节的目的。

(3)互评测验

互评测验是在考试后老师公布答案,同桌互评打分,然后对试卷作出自己的评价,写出每题的诊断,包括优点和长处,问题和原因,建议和处方,老师再对其给他人的评价打分,两个得分按一定比例得出测验成绩。这种测验可以使学生通过评价他人来反省自己,留给学生的印象深刻,使用得当的话效果常常会优于老师的单纯讲评。

(4)纠错测验

纠错测验是由学生常出现的错误或易出现的错误构成,要求学生判断错误,指出错在哪里,进行订正,并提出防范措施。这种测验是充分利用学生的错误这个重要的课程资源,并把纠错权还给学生,使学生重视并避免累积性知识缺陷,而且可以改善学生的学习态度、方法和习惯。

（5）激励测验

激励测验是指测验后老师对部分学生的分数进行"技术处理"，其主要方法有：①预支：对于一时发挥不好的学生及分数接近及格的学生"可以预支一定的分数"，预支的分数在以后的测验中偿还；②奖励；对于进步大或有创新的学生奖励一定的分数；③双分：对于因不良习惯以及重复性错误导致失分，在卷面上给出双分，以激励并警示学生，如 65(75)，65 是学生的实际得分，而 75 是其能够得到的分数。使用激励测验要求教师当面与学生分析试卷，对其进步要表扬，对问题要批评，但老师的态度要善意而中肯，与学生共同探讨改进方法，帮助学生认识自我，树立学习的信心。

四、依据是否提供答案分类：选择性反应测验与建构性反应测验

1. 选择性反应测验

选择性反应测验（selected responses test），是指学生从提供的被选项中选出正确答案的测验。选择性反应测验试题呈现简单，答案明确，评分准确可靠，知识的覆盖面大，适用于测量学生知识的广度、记忆力、判断能力以及性格特点。

2. 建构性反应测验

建构性反应测验（constructed responses test），是指学生对诸如论文题等评价任务独立作出反应以解决问题的测验。建构性反应测验的最大优点是能引出学生更贴近平时生活的行为反应，因而对非学业任务之间有更高的一致性。

五、从编制程序的标准化程度分类：标准化测验与教师自编测验

1. 标准化测验

标准化测验一般是由学科专家和测验编制专家按照一定的程序，运用教育与心理测量领域的专门知识及统计原理编制而成的，具有较高的效度和信度。测验的施测在适用对象、指导语、时限、评分等方面都有严格的要求，且测验所得的结果有可资比较的标准作对照，可以把每个学生的学业水平与同年龄组的其他学生进行比较。由于标准化测验具有客观性和可比性的优点，它是评价学生学业成绩的重要工具之一。

标准化测验在国外用的比较普遍。如美国教育测验中心举办的托福（TOEFL）、SAT 考试，用来考核非英语国家留学生的英语水平和知识能力，以决定是否录取留学或给予奖学金。近年来，标准化考试在我国也越来越引起人们的重视。我国的高等学校招生考试、计算机能力考试等也在推行标准化考试。

2.教师自编测验

教师自编测验是教师根据自己在教学各个阶段的需要，自行设计与编制的测验。

尽管标准化测验在欧美教育界非常流行，但无论是在西方还是在东方，课堂里运用的最多的仍然是教师自编测验。因为，学校教学科目多，教学检查须经常进行，而且即使是同一门学科甚至同一个主题，也会因为教材及教学过程诸方面的不同产生巨大的差异。因此，几乎没有一种标准化测验能够完全适应这些差异。而教师自编测验的制作过程相对简单，又可以根据自己的教学内容及本班或本校的特殊情况编制，比较适合于评价本班、本校学生对特定教学内容的掌握程度，随编随测，具有很大的灵活性。所以，教师自编测验是学校教育教学中应用最多和教师们最愿意用的测验。

当然，要提高测验的质量，教师自编测验的编制必须遵循一定的原则和步骤，并掌握基本的编制技巧。

视窗 5-1

国外标准化试卷编制的程序

国外考试命题的过程有一套严格的标准化程序，他们的命题、组题、出题过程包括以下 10 个基本方面：(1)澄清测验使用的目的与测量结构；(2)辨别用以表征所测量结构的范围；(3)准备试卷细目表(test specification)；(4)编制题目细目表(item specification)；(5)考虑试题的格式；(6)题目编制细目表之后再请相关的人员去编题；(7)题目审查；(8)题目的预试：在编题之后不是立即对学生进行测试，而是在进行大范围测试之前，先进行预试，以确定试题的属性；(9)试题分析；(10)确定试卷，编写试卷使用手册。

资料来源：Allen M J, Yen W M. Introduction to Measurement Theory.

第二节　教师编选课堂学业测验应当遵循的基本要求与程序

一、编选学业测验的基本要求

1.评价内容(测验内容)与课程标准相匹配

国家课程标准是教材编写、教学、评估和考试命题的依据，是国家管理和评价课程的基础。各学科的国家课程标准是课程实施的准绳，更是学生学业评价的标尺。因此，测验内容要与课程标准中对于学业成就表现的规定相匹配。其分析维度包括内容匹配度、要求匹配度、分布匹配度，以及重点匹配度等。

内容匹配度,即测验内容涵盖的学科内容与课程标准规定的内容在广度上的吻合程度,试题是否代表了每一个课程标准的相关具体目标。

要求匹配度,即测验内容涵盖的学科内容与课程标准规定的内容在深度上的吻合程度,试题在多大程度上符合了学术标准中对知识与技能的认知复杂性的规定。例如,一个仅仅强调回忆与再认的测验,肯定不能很好地与要求学生展示良好技能的课程标准相匹配。

分布匹配度,即测验涵盖的学科内各个领域之间的比例与课程标准规定的内容在结构上的吻合程度,试题分布是否平衡,杜绝对某些领域过分强调而忽视另一些领域。

重点匹配度,即试卷考查的重点与课程标准的核心知识、主干内容在重心上的吻合程度,试题是否反映了课程标准的重点与优先强调的内容。

2.测验难度适当,与测验性质相吻合

测验题目的难易程度的适合性取决于测验的目的、测验的形式及测验的性质。在学校教育中,有些测验的目的是为了考察学生对某些知识、技能是否掌握,此时可不考虑难度,只要符合教学目标要求的内容就可编入测验。例如,在某一教学单元开始前,为了了解学生对所教知识、技能的准备情况而进行的诊断性测验,几乎每道题目都将产生很低的通过率,但这些题目都应该保留,因为它们表明了哪些东西需要学习。而在某教学单元结束后,为了检查学生的情况所进行的形成性测验,即使每个题目都有很高的通过率,但只要这些题目符合测验目的并具有代表性,那么这些题目也不应该淘汰,因为这种测验是与一个特定的标准相比较,看学生是否达到了某种水平。

如果测验用于对学生作区分,易∶中∶难题的比例一般可按 5∶3∶2 控制,学校不同,学科不同,可灵活掌握。一般理科比文科的难度通常会略大一些。作为备考的适应性的试题,其难度会更大一些,这要参考有关考试所发布的信息。难题绝不是偏题、怪题、"超标"题。难,应体现在综合运用上。容易题也不能理解为送分题,易题也可以出得活与巧。

3.测验具有有效性和科学性

有效性就是要求考试内容覆盖面广,试题样本代表性强;评分标准制定合理,不仅符合学生实际,而且方便教师阅卷;考试结果(分数)准确、有效,达到了预期的目的,即测量到了想要测量的东西,能够成为衡量学生能力高低的标尺。

科学性就是要求试卷有较高立意,且无政治性、知识性、技术性等错误;评分标准表达准确、无歧义,且赋分合理;考试结果(分数)稳定可靠、误差小,真实、客观地反映了学生的实际水平。同时,要求试卷布局从易到难,形成合理梯度;试题类型符合学科特点;试题难易符合学生实际。

4.题型必须有利于内容的考查

在频繁的考试实践中,各个学科都出现了五花八门的考试题型,不少题型经过检验,得到师生的认同,我们可以根据需要筛选梳理,灵活选用。主、客观题型的比例要适当。主观题要有明确的指令,要有答题要求和答题指向,甚至规定答案字数,必要时可做提示和示范,不要造成理解错误而影响表达。客观题,尤其是提供选项的客观题,题干文字要简洁,供选答案不能拼凑,错误选项也应有干扰作用,不要给人以"胡说八道"的"硬编"的感觉,但不能"弯弯绕",故弄玄虚。现在各学科都十分重视联系生活的拓展延伸题,这种试题更应选好题型。题型要有利于学生的个性张扬和创新,不能过于死板,要给学生留下施展的空间。我们提倡题型的新、巧、活,但不主张把题型整得玄、怪、偏。

视窗 5-2

泰勒的课程评价模式

教育评价之父泰勒在"八年研究"中提出了著名的课程评价模式,该模式为定向与测试结果的评价,教育评价的主要功能是通过检测确定目标与表现之间的吻合程度。该评价模式的主要程序包括以下几个方面:

1.确定课程的一般目的和具体目标;

2.把目的和目标进行分类;

3.用行为术语界定目标;

4.建立可以展示具体目标业已达到的情景;

5.发现和选择适当的测量技术;

6.收集学生行为表现的资料;

7.把学生的行为表现与既定目标进行比较。

资料来源:黄光雄.教育评鉴模式.台北:台湾师大书苑有限公司,1989:88

5.试卷编排规范、设计美观

试卷的编排要讲究规范性。规范性的要求主要体现在几个方面:①试卷设计规范,与"考试大纲或说明"所要求的试卷框架结构、知识结构、能力结构、题型结构、难度结构等大体保持一致。②试题呈现规范,图文清晰、简约、准确,符合试题表述的基本常识。③试题表述规范,题目的文字表述必须规范,要清楚、明了、简洁、准确。绝不允许使用含糊其辞、模棱两可的语言。有时,在估计会出现误解和忽略的地方,还可标上着重号,以示强调。除了文字表述,符号和字号的使用也必须规范,前后统一。下面是常见的正误表述的示例。

误句:指出下面不正确的一项是。(　　)(把两句话揉在一起说了)

正句:下面不正确的一项是:　　　　　　　　　　　　　　　　　(　　)

误句:在横线上选择正确的答案。_____(指向有误)

正句:选择正确的答案,把它填写在横线上。_____。

误句:下列答案有的正确,有的不正确,请判断。_____(答题指令不清楚)

正句:请判断下列答案的正误,把正确(或错误)答案的代号填写在横线上:_____

同时,试卷卷面设计应当注意力求字迹清晰、排版整齐美观;题目之间的距离要疏密有致,切忌排得松散和拥挤;绘图要大小适中,答题处要留下足够的空间。题首要注明考试类别、科目、考试时限、卷面页数和总分;分题要标出题分;每页下边要标明页码。试题和答卷分开时,要对准题号。一道题最好不要转页排版。为了体现试卷的人文性,试卷上已出现了一些鼓励和提示的话语,甚至出现了简笔插图,这是一个进步,但要以不影响读题、答题为原则,切忌过滥过多。

二、编制学业测验的主要程序

1.分析课程标准与教学学习目标,建立学科考试目标分类体系

各学科的国家学科标准是学生学业评价理论的指导母本,但课程标准是比较笼统的,一般并不能直接作为评价标准使用。要进一步使国家课程标准更具表现性、操作性和可测性,需要对课程标准进行细化和标定,建立与课程标准相匹配的学科考试目标分类体系,并以此目标分类体系来设计学业考试的具体操作方法。

建立学科考试目标分类体系旨在明确所要考查的能力和技能。界定某学科的考试目标分类时,应当从学科内容特点出发,借鉴布鲁纳、加涅等人的教育目标分类方法,有创造性地进行,以符合实际需要。例如,根据布鲁纳的教育目标分类学,可以把高中化学课程的掌握目标划分为识记、理解、应用、分析综合、探究五个层次,并对这五个层次的含义再做出明确的界定并用典型的例子说明。又如,可以根据安德森的教育目标分类,将科学学科的掌握目标设计为由知识层次和能力层次水平两个维度构成的目标体系(见表 5-1)。如果重在知识的保持,则水平层次为记忆;如果重在迁移,则水平层次为知识的了解、应用、分析与评价。

表 5-1　科学教育的目标分类

知识 认知过程	事实性知识	概念性知识	程序性知识	元认知知识
记忆				
理解				
应用				
分析				
评价				

2.基于考试目标分类的命题细目表设计

基于课程标准的学业考试目标的分类建立以后,接下来就是进行学业考试的命题设计。基于考试目标分类的命题设计可以有两种不同的思路,一种是从考试内容的要目入手,建立命题的"内容—行为"双向细目表;另一种则是从所要测查的能力结构入手,再考虑所要体现能力的知识内容,建立题目编制细目表或试卷命题细目表。前者往往依据的是一维的教育目标分类学,后者则依据的是二维的教育目标分类学。

(1)命题双向细目表的编制步骤

命题双向细目表是一个关于考试内容和考查目标的双向列联表,它是关于一门课程教学内容和掌握层次两个维度下的一种考试命题抽样方案。在比较正规的考试或学业测验中,其命题双向细目表通常由学科资深专家来制定,而对于学校常规性的学业测验,其双向细目表可以由任课教师本人或教研组教师共同制定。具体采取以下几个步骤:

①确定考试内容要目,并把它们沿着一条轴线排列在表中最左边一栏中。内容要目可以按照教材章节名称依次罗列,也可以根据教学内容知识块来分别罗列。如高中化学学科内容可分为基本概念、基础理论、元素化合物、有机化合物、化学计算、化学实验等若干个知识块;初中语文学科内容可以先分为基础知识、现代文阅读、文言文、作文等几个知识块,然后每一个知识块又可以分为若干个知识点,如文言文又可以分为字、文言词语、文言句式、诗词背诵、文言翻译等若干个知识点。

②从教育目标出发来界定本课程应该考查的掌握目标层次,并把目标层次从低级到高级依次排列在表中顶端第一行。

③确定各项考试内容要目下的分数比重,假如考试满分为 100 分,这时就需要科学地把 100 分分配到列入考试范围的各个章节上去或分配到列入考试范围的各个知识块上去。分配的基本依据是考虑各部分内容在整个教学过程中的教学时间分配及教学要求。在双向细目表设计中,各项考试内容的分数比重确定后,填写在该表最后边一栏里(表 5-2)。

④把每一项考试内容的分数比重逐一分配到若干必要的考察目标即掌握层次上去,形成网络的分数分配方案,即是命题双向细目表。教师并不一定遵循双向细目表去测验每一个内容——目标的交叉点,所测验的各个交叉点的题数和分数比例也不一定相等,如何权重就有赖于教师的教学经验和价值判断了。

表 5-2　高中化学课程总结性考试命题双向细目表

考查目标 分值 考查内容	识记	理解	应用	分析综合	探究	总分
基本概念	1	5	4			10
基础理论		8	5	7	2	22
元素化合物	3	5	6	5	2	21
有机化合物	1	5	3	4	2	15
化学计算		3	4	8		15
化学实验	1	6	2	6	2	17
总分	6	32	24	30	8	100
备注						

（2）从能力结构入手的试卷设计

在明确了所要测查的技能和结构的基础上,需要思考什么试题范围能测量出这样的技能。比如要考察言语运用能力,那么试题范围应该在哪个范围之内,应该包含什么样的内容。这一步即是我们通常所考虑的知识点,即考察什么样的知识点能体现出这种能力,并制定题目编制细目表和试卷编制细目表。表 5-3 中呈现了一个国外题目编制细目表的例子,从该表我们可以看到:出题者设置错误答案时,不是一个正确答案随便加上三个错误答案,而是每一个错误答案都有一定道理。细目表对出题者的要求具体到了可操作化的地步。这样,出题过程最大限度地平衡了经验的影响。但这并不是说经验不重要,而是指仅仅凭出题人的经验来出题,很难保证试卷的科学性、准确性和标准化。

表 5-3　国外小学数学题目编制的细目表举例[①]

子技能:小数乘法的计算技能	
题干的特征	答案的特征
1.题目中应当包含两个小数、分数或一个小数一个分数 2.题目应当表示为句子或竖写的乘法算式 3.乘数和被乘数中有一个包含 3 位非零的数字,另一个也包括 3 位数字,这其中两个数字不为 0,且整个数字大于 5 4.乘数和被乘数都应包括一位小数位 5.乘积不能包含三位或以上的小数位 6.最少包括两步重组运算 7.选择数字时,一个数字只能出现一次	1.格式:根据小数的位数,所有的被选答案按升序或降序排列 2.四个被选答案:一个是正确答案,一个错在相乘时数字重组的步骤,一个错在相乘时数位对齐,一个错在忽视小数点或者小数点的位置不正确 3.另一个可能的选项:"a,b 和 c 都不对",这个选项出现在第四个被选位置上

---

① 辛涛.新课程背景下的学业评价:测量理论的价值.北京师范大学学报(社会科学版),2006(1):56—61

视窗 5-3

目标分类学在教育评价上的应用与发展

最早的目标分类学始于1956年布鲁纳的教育目标分类学。布鲁纳的教育目标分类学是以学生的外显行为来陈述教育目标,分认知、情感和动作技能三个领域。认知领域的目标分类为:知识、领会、应用、分析、综合与评价。布鲁纳的教育目标分类学为教学结果的测量与评价提供了标准。

加涅在1977出版了《学习的条件》,他运用信息加工理论对教育目标进行分类。他根据习得的能力倾向性的改变——学习结果,把教学目标分为五种类型:(1)言语知识(陈述性知识);智慧技能(程序性知识),包括辨别、具体概念、规则、高级规则;(3)认知策略(策略性知识);(4)动作技能;(5)态度。

加涅区分了三种不同的知识——陈述性、程序性及策略性知识,认为学生在学习知识的过程中习得的是能力和倾向,并以此作为教育目标分类的基点,同时以习得的各种能力所需学习条件的异同作为划分教育目标分类的依据。这一目标分类对考试测量产生重要的影响,即对陈述性知识与程序性知识必须采用不同的方法进行测量。

2001年,由安德森和克拉斯沃尔共同支持的《面向学习、教学和评价的分类学——布鲁姆教育目标分类学的修订》出版,该分类学的一个重大变化就是将原来的一维分类改为二维分类,即原来的知识水平独立成一个知识维度,包括程序性知识、陈述性知识及元认知,而认知过程分为记忆、理解、应用、分析、综合和创造六个层次。新修订的目标分类学对建构学习中的学生学习活动的表现方式进行了很好的概括,强调有意义的学习过程,提示考试测量不仅要重视事实性知识和概念性知识的考察,更要重视学习的应用与迁移,因此应注重将理论与实际结合起来,考察在新情景下运用知识解决问题的能力。

资料来源:朱行建.基于标准的科学课程学业考试:一种考试目标的分类框架及应用.教育科学研究,2007(10):29—32

3.测验题型的选择与编写——命题

教师在制定好测验计划后,接下来就是选择适当的测验形式来构成测验。教师在编写试题时,应根据自己所要测验的内容和目标,并结合各类试题类型的长处和短处来决定取舍。

(1)学业测验中的常用试题类型及特点

学校测验中常用的试题类型大多可归为两类,一类是客观题,另一类是主观题,它们各自又可以分成许多不同的具体题型。客观题类型常见的有填空题、简答题、是非题、匹配题、判断题、选择题等,主观题类型主要有论述题、简答题、证明题、计算题、实验题、作文题等。不同的题型具有不尽相同的测量功能与特点,因此,要使学业测验能够有效地测量到所想要测的目标,教师就必须了解这些主要题型的特点,恰当地选择题型使之与特定学习成就相适应。

一般而言,客观题具有测量效率高、信息量大、信度高、评分方便、记分误差小等优点,如果设计得好,它们可以测量学习成就领域从"识记"到"综合"之间的各种学习结果。特别是其中的选择题,在各种能力测验中的应用极其广泛,如在韩国的"大学修学能力测验"中几乎全部使用选择题,考查学生综合应用知识解决问题的创新能力。客观题的缺点在于,难以有效地、直接地测量学生在语言表达、思维分析过程、组织能力以及创造技能等方面的高级学习成就。特别是在编题缺乏技巧或粗制滥造情况下,客观题的许多优点都无法有效体现。

主观题适合于考查学生的分析能力、综合能力、组织表达能力以及计算与推论等较为复杂的心智技能;提倡自由反应,有利于考察应用能力乃至创造能力;可以获得较为丰富的反应过程资料,便于分析学生的技能、创意、策略、知识缺陷等。但主观题存在评分易受评价者主观因素的影响等缺点。

客观与主观题各有优势与缺点,且两者具有互补性,因此,在学业测验中应结合运用这两类题型,戒除片面性,提高测验的有效性。

(2)试题编选的基本原则与方法

①编写试题的一般建议。美国教育评价专家布鲁纳在其《教育评价》一书中,提出有关试题选择与编写的 7 条一般性建议,对教师编选试题具有指导作用。它们分别是:试题应该清楚地提出一个单独而明确的问题;试题的阅读难度和语言难度应当适合考生的水平;所有试题均应该避免重复现象,并尽可能清晰、简洁;无论何时都要尽可能使用简明的单词——意义准确且清晰的单词;试题在语法和标点符号方面应该完美无缺;避免提供正确答案的线索;每一题都应予以编辑。[①]

②编写选择题的基本原则。

第一,题干应由一个独立的问题组成,且不宜使用否定结构或双重否定结构;

第二,选项在逻辑上应与题干一致,并在同一页上;

第三,正确选项的位置应随机安排;

第四,正确选项的长度不应太长或太短,以避免暗示作用;

---

①　[美]布鲁纳等著,邱渊,王刚等译.教育评价.上海:华东师范大学出版社,1987 年版,第 309—317 页

第五,避免使用"以上都对"或"以上都错"的选项;

第六,避免凑选项。

③编写填空题的基本原则。

第一,答案应具有唯一性,而且能用一个词、词组或短语提供;

第二,一题中,空格不宜超过两格,否则会丧失题意的完整性;

第三,空格应尽量放在句子的末尾,不宜放在句首;

第四,空格的长短应一致,避免产生暗示;

第五,如果用特殊的数字作答,必须提供数量单位;

④编写判断题的基本原则。

第一,同一试题的叙述必须绝对正确或完全错误,不能一半对,一半错;

第二,正句与错句的数量应相差不多,且随机排列;

第三,表述要准确明了,避免使用模棱两可的语句、双重否定或绝对的词句;

第四,应重在测量了解能力,避免直接摘录教科书上的句子。

⑤编写论述题的基本原则。

第一,论题应具有测量学生实际能力的价值,具有灵活性;

第二,清楚地描述学生要完成的任务,表述上不应造成学生误解题意;

第三,应明确论题答案要求的展开程度,如形式、字数等;

第四,一般不宜出有争议的问题,避免给教师的评价和评分带来困难;

第五,不宜出多个论题让学生自由选择做答;

第六,应制定明细、合理的评分标准,以保证评价的客观性。

视窗 5-4

教师自编测验质量评价核查表

(1)所测概念与用以完成任务的能力之间有无直接、重要的关系?

(2)试题本身是否与学习目标相匹配? 每一道试题是否都测量了一个具体概念,并反映了被测目标的行动、情境与标准?

(3)试题本身是否清晰、具体,易于阅读? 试题本身是否包含了与要解决问题相关的唯一信息? 试题陈述是否还可以再简单点并能提供足够的必需信息? 试题能否使用另外的词语表述,或者能否分解为更多个子题目?

(4)试题是否提供了达成一个正确答案的所有必需信息、情境与假设?

(5)对被试的工作环境而言,试题的编制是否在最适合的知识或能力水平上?

(6)试题表述有无语法错误?

(7)试题表述是否与正确答案有关联?

（8）试题是否避免了不必要的难度或不相关的干扰？

（9）试题的阅读水平是否适合被试？

（10）试题是否局限于某一个概念或主题？

（11）试题的说明与指导语是否陈述清晰？是否重复了试卷开头时的标准指导语？

（12）试题的表面效度如何？

（13）重点部分有无画线标识？

（14）每个试题是否都与其他所有试题没有知识点关联？

（15）所有试题都在同一页纸上吗？

（16）所有必需的材料、图示与相关试题都清晰标记了吗？被试能否容易地找到它们在哪里？

（17）给试题答案留足空白了吗？

（18）试题的编排顺序是先易后难吗？

（19）试题经过其他人检查与鉴定过吗？

资料来源：林生傅.教育心理学.台湾：台湾五南图书出版公司,1994:109

第三节 开放性学习活动的评价

一、开放性学习活动的内涵及评价方式

开放性学习活动是指在真实性的任务情境中,让学生解决有一定挑战的具体建构性实践问题学习活动,是一种实践指向性的任务型学习。开放性学习活动主要包括实验操作、科学探究、艺术展示、作文与论述、问题解决、研究性学习等活动。开放性学习活动是一种新型学习方式,其具有学习任务真实性、学习空间开放性、学习目标多维性等特点。开放性学习活动注重通过"学业表现"（学习行为）而非"学业结果"（基础知识与基本能力）判断学业成就,因此,开放性学习活动的评价通常不宜采用传统的纸笔测验,而采用质性评价量表的等级评定法。

评价量表是对开放性数据进行质性评价的最有效工具之一,它可以对书面或口头陈述与列举,图表或模型,学生知识、应用技能与操作能力等的行为表现进行评价。它是通过预先设定标准,从而使得质性评估与评价更可靠、更客观的一种系统评分方法,其描述性标准被教师用作评估、评定等级与判断学生学业表现的指南。

开放性学习活动的评价过程基本步骤包括以下几个阶段：①确定评价目标

和评价项目;②选择"评价任务";③确定"表现标准";④"具体界定表现标准"并给各级"表现标准赋值";⑤依据不同需要整合成不同类型的整体量表与分析量表并进行开放性学习活动评价。

二、评价量表的编制和应用

1.设计合适的评价目标,确定基于"标准"的评价项目

评价目标是指有关学生学业成就的某些学习目标,也就是在开放性学习活动过程中期望学生所要达到的学业标准,它是课程标准中课程目标的具体化。评价项目则有关于学生在某一目标下的具体行为表现的描述。

开放性学习活动的评价目标和评价项目的确立,同样建立在基于课程标准的教育目标分类的基础上。

如进行科学探究性学习活动的评价和试题设计,我们可以依据克洛普弗提出的探究和实验领域的课程目标分类,将科学探究活动目标分为如下四个层次:

(1)观察和测量:①观察物理现象的记录;②用简单的语言叙述观察过程;③物体或变化的测量;④选择合适的测量工具;⑤估计测量和了解精确度。

(2)发现问题并找出解决问题的方法:①认识问题;②提出想法;③选择检验的合适手段;④设计适当的实验方法。

(3)解释数据和系统概括:①实际数据的加工;②用函数关系的形式来说明数据;③实际数据的注明和结果;④外推和内推;⑤测验中得到的数据评价假设;⑥根据发现的关系概括定型。

(4)建立、测试和修改理论模型:①对理论模型需求的认识;②模型的理论化;③模型满足关系的说明;④从一种理论模型推出新假设;⑤模型检验的说明和评价;⑥纠正、加工和引申模型的公式。

这一分类使科学探究性活动的评价项目的确立和试题设计具有了可操作性。

又如,培养学生的实践能力和创新意识是课程目标的重要的开放性学习内容。这一领域的评价目标可以根据安德森的目标分类学进行设计。在安德森的目标分类学的认知过程中,创造层次单独作为一个层次(见视窗 5-3),具体的目标类别有:①用新的方法将对象与观念相结合;②解决问题的假想,产生非同寻常的想法。根据这一目标分类,测验时可以设计一些开放性问题来考察学生的创造性思维水平。

2.选择能充分反映表现水平的评价任务

基于标准的评价目标和评价项目一旦确定,关于评价项目的表现水平被描

述清晰。接下来的工作就是选定合适的评价任务或测验项目,来代表评价项目的表现水平,如科学课程学习中的"分类"、"图解"、"假设验证"、"科学测量"等。

依据科学探究领域的目标分类体系,探究型评价任务或试题的设计必须让学生在解决问题时经历一定的探究过程。当然,试题的设计不一定是完整的探究全过程,可以设计一个或若干个要素作为考察的要点。也就是说,探究型试题不能脱离探究过程来直接对知识进行考察。

对情感、态度与价值观的评价可以根据课程标准所提出的态度领域的体验性目标来设计试题。体验性目标分为经历、反应和领悟三个层次。由该目标分类可知,对情感、态度与价值观的考查,试题的设计要通过一个情景性问题,让学生在解决问题时,经历心理的"反应与领悟"过程。也就是说,考查情感、态度与价值观的试题不能脱离具体情景中对有关"知识与技能"、"过程与方法"的考察来直接进行测量,这也就是开放性学习活动的考评试题与传统知识型试题的不同之处。

视窗 5-5

"可观察的学习成果结构"分类

澳大利亚心理学家比格斯(Biggs)认为人对具体知识的认知过程也存在阶段性,因此,可以根据学生解决问题时的表现来判断其思维发展阶段,从而给予合理的评分。可观察的学习成果结构的五个层次为:

前结构:没有形成对问题的了解,回答问题时逻辑混乱;

单点结构:只能联系单一事件;

多点结构:能联系多个孤立事件,但未形成知识网络;

关联结构:能联系多个事件,并能将多个事件联系起来;

拓展抽象结构:能进行抽象概括,使问题得到拓展。

资料来源:朱行建.基于标准的科学课程学业考试:一种考试目标的分类框架及应用.教育科学研究,2007(10):29—32

3.区分不同表现水平并分别赋值

给评价项目的不同表现水平分别划定等级,再赋予分值,便于评价者进行数据收集与分析。常用方法有 4 级、5 级、7 级等级法等。

4.对不同表现水平分别进行具体描述(对表现标准进行具体描述)

表现水平是指评价项目的学习目标及次级目标的不同认知复杂性水平,它是学生学习活动合格表现的判断依据。表现水平的描述必须详尽细致、明晰确定,必须包含能代表学生认知复杂性水平的行为动词,如"回忆"、"解释"、"解释详细而明确"等。如表 5-4 是关于科学课程观察与推理的表现水平的描述。需要注意的是,评价项目与表现标准描述应该在评价实施前就制定好并告诉学生,而不能在已经阅读了一定学生的答案或观察了学生的表现后再指定表现水平与评分标准,那样它们就会有意无意地受到学生答案或表现的影响,甚至会偏离学习目标要求。

表 5-4　表现标准列表[①]

编号	表现标准描述	评价			
		分数	自我	教师	同伴
1	观察必须基于真实情境,而非基于前知识、个人观点、观察者偏见。				
2	选择并评价合适的工具与材料,最终完成观察。				
3	使用合适的公制计量单位描述定量观察。				
4	观察在定量与定性上都准确。				
5	记录定量数据时都有数量与单位。				
6	通过比较与对比目标或事件,来解释观察结果。				
7	推理的解释与验证必须基于背景研究、调查数据与观察者的前知识。				
8	推理的合理性应该基于所有的观察结果、数据、观察者的前知识。				

5.评价量表的整合成型

将评价项目、表现水平、评价标准等组合成操作性较强的量表,作为具体评价工具。根据评价目的不同,可以设计成整体评价量表与分析评价量表。整体量表通常只用单一的表现行为标准来评价学生的整个表现,如表 5-5。分析量表一般使用多类别、多水平表现行为标准来评价学生的表现,如把表 5-5 中的表现行为标准进一步区分为观察基础、工具与材料、描述观察结果和推理几个方面进行分别评价。其特点是:对于学习表现的不同维度都进行描述;对表现的每一个不同维度都提供相对独立的评定;对学生表现提供了多个分数。

评价量表编制好后,通常还要培训评价者,让其学会如何应用评价试题与评价量表,最后再根据评分结果与表现行为的内容分析结果来修正试题与评价量表。

---

① 张雨强.开放性活动质性评价量表的开发与应用.上海教育科研,2006(4):40-43

表 5-5　科学中的观察与推理:整体量表①

水平	表现行为标准
4 专家	观察基于真实情境,并非推理而来。选择并评价合适的工具与材料,并最终完成观察。使用合适而精确的公制计量单位描述定量观察,数据的数量与单位都有记录。推理的解释与验证基于背景研究、调查数据与/观察者前知识。推理的合理性基于所有的观察结果、数据、观察者前知识。
3 精通	大部分观察基于真实情境,并非推理而来。选择并评价工具与材料,并最终完成观察。使用公制计量单位描述定量观察时有极少误差,数据的数量与单位都有记录。大部分推理的解释与验证基于背景研究、调查数据与观察者前知识。大部分推理的合理性基于所有的观察结果、数据、观察者前知识。
2 一般	一些观察基于真实情境,并非推理而来。选择并评价了一些工具与材料,并最终完成观察。使用公制计量单位描述定量观察时有很大测量误差。一些推理的解释与验证基于背景研究、调查数据与观察者前知识。一些推理的合理性基于所有的观察结果、数据、观察者前知识。
1 新手	很少观察基于真实情境,并非推理而来。选择并评价了不合适的工具与材料,并最终完成观察。有很大测量误差。很少推理的解释与验证基于背景研究、调查数据与观察者前知识。很少推理的合理性基于所有的观察结果、数据、观察者前知识。

三、提高开放性学习评价质量的经验方法

开放性学习活动中收集的开放性数据是通过观察、测量、分析等技术获得的有关学生学业成就表现的各种有效信息。其优点是能产生丰富信息,如个人的、创造性的、复杂的信息等。但缺点同样明显,相对于"客观性"测验而言,开放性学习活动评价过程中,对测验任务或试题的解释、目标表现水平规范的理解等都存在着可转移性;其评分过程与评价结果解释中也包含有较强"主观性",使得其评价效度和信度难以保证。

在"客观性"测验中,题目类型较单一,评分方法较一致,评分标准简单、明确,因此测验的质量提高往往关注的是题目本身的效度和信度。而由于开放性学习活动评分过程的特殊"主观性",评价的信效度问题的突出表现为评价者一致性问题,因此,影响开放性学习活动评价质量的关键在于"评价者因素"。

提高开放性学习活动评价质量的经验手段可以有以下几种:

第一,编制清晰规范的评价量表和评分规则。评价项目、表现标准、评分标准等的编制和描述要层次分明、规范清晰、界定明确,这是评价质量得以保证的

① 张雨强.开放性活动质性评价量表的开发与应用.上海教育科研,2006(4):40—43

重要准则。

第二,强化评价者"评价一致性"的明确意识。在实际的学生学习评价中,论述题、作文题、问题解决题等题型评分结果的统计分析显示,评价者内部一致性不高的现象较为普遍,且多数是因为评价者的"无意识评价偏见"在起作用。例如,评价者本人通常较难意识到他们在评分过程中出现"前紧后松现象",但这一现象的确会在一定程度上导致评价偏见的出现。因此,评价者在评分过程中需要自我提醒或相互提醒,强化"评价一致性"意识,减少"无意识评价偏见"效应。

第三,加强评价者的管理与培训。在大型的或重要的评价工作开始前,组织评价者学习评价标准,并进行若干试评,讨论评分差异,以求对量表评分标准的解释与使用达成共识。

第四节　学生测验结果的报告与解释

一、测验结果的分析与解释方法

通过测验得到的是测验分数,要使分数更有意义,只有经过教师的分析判断和解释。测验成绩的分析一般分为宏观分析和微观分析。教师可以根据实际需要采用不同的分析方法。

1. 宏观分析方法

宏观分析主要是从整体上或与外部相比较所作的分析,如报告学生的实际得分,全班的平均成绩,学生在全体中所处的位置,学生本次成绩与前几次成绩的对比等。在具体实施过程中,根据分析时的参照点不同,宏观分析又可以有相对评价、绝对评价、个人内差评价三种方法。

(1)相对评价

把一个学生的测验成绩与同一团体的平均成绩作比较,确定其成绩的适当等级。通常是对测验成绩计算平均分,或把测验的原始分数换成百分等级和标准分数,再加以解释。

①平均分。平均分是能够反映一个团体综合特征的统计指标。计算方法就是将所有学生的测验分数相加,再除以参加测验的学生总人数,很容易理解。通常把平均分作为学生正常的一般的发展水平,高于平均分表示达到基本的发展要求,低于平均分则没有达到要求。

平均分有计算简单,简单易解等优点,但它容易受极端数据的影响,因此,当测验分数分布呈偏态时,用平均分作为常模进行解释,就不能恰当地描述分数的真实情况了。例如,一个重点班的 50 名水平相当的学生,在通过一项教育测验时,绝大多数学生得分较高,但个别学生却由于身体不适或一时性情绪障碍而得到较低的分数,这时若用平均分代表全班的知识水平,则肯定偏低,以平均分为常模进行的比较和解释也就会不符合实际情况。

②百分等级。百分等级是一种使用于次序变量的相对位置的统计量。在一个测验中,需要确定某个个体在群体中所处的相对位置,或者需要对原始分数在一个次数分布中所处的地位加以解释时,就需要运用到百分等级。求某分数的百分等级,实际上就是计算在某一群体中低于该分数人数的百分比。

例如,某学生在期中语文统考中考了 76 分,班上 45 名学生中有 27 名的分数低于 76 分,也就是该学生所在班级中有 60% 的学生低于 76 分,则该学生的百分等级为 60。同理,如果一个学生的百分等级为 90,则说明该考生的测验分数比班上 90% 的学生来得高。百分等级高于 50,表示高于一般水平;低于 50,说明低于一般水平。百分等级计算方便,容易解释,在学校教育评价中使用较为广泛。

③标准分数。标准分数是以标准差为单位表示测验成绩与平均分数之间的距离。计算公式为:

$$Z = \frac{X - \overline{X}}{S}$$

其中 Z 为标准分数,X 为测验原始分数,$\overline{X}$ 为平均数,S 为标准差。

当 Z 值为零(正好在平均数的位置)时,说明成绩一般;Z 为正值,则成绩高于一般;Z 为负值,则低于一般。由于 Z 分数会有正负,使用不便,因此,可以采用 T 分数。

$$T = 50 + 10Z$$

T 分数以 50 为普通,50 以上则越高越好,50 以下则越低越差。

(2)绝对评价

把一个学生的测验成绩与既定的教学目标比较,从而判定学生达到教学目标的程度。绝对评价一般用合格或不合格、通过或不通过来表示,但也有用三级或五级来表示。

对学生做出"合格"与"不合格"之类的二分决策,其分布决策的有效性既依赖于测验内容的有效性,同时也在很大程度上依赖于合格分数线的有效性。长期以来,人们习惯以 60 分为合格线,60 分及格与 59 分不及格似乎是天经地义的。然而,在学校教学过程中,有些教师所编制的试卷易使 100% 的学生通过,而另有些教师却把试卷编写得很难,致使有 30% 甚至更高比例的学生补考。可见,如果没有充分考虑到考试成绩标准和考试分数的可比性与等值性问题,这样的考试成绩是不能用来准确地评价学生的学习效果以及教师的教学水平的。

因此,运用目标参照对学生进行目标达成评价时,我们需要了解一些有关学生在特定考试中"合格—不合格"的方法。这些方法的最终结果就是要确定某一特定考试的合格分数线。

基于测验题目分类下的经验判断,是我们在实际教学中常用的一种方法。考试成绩的标准,通常存在于有经验的任课教师的心中。基于题目分类下的经验判断,就是利用任课教师在考评上的经验,对试卷中的题目做出分类而确定合格分数的方法。具体一点讲,就是要求教师在编制好测验之后,认真审查试卷中的每一个试题,分别把试卷中的所以试题按特定课程的教学要求分成三类:第一类称为"基本要求的",第二类称为"中等程度的",第三类称为"高要求的"。接着,要求教师做出有关可接受的学生成绩的假定,对他们在作答以上三类试题时提出具体标准。

例如,在某一测验中,上述三类试题所占的分数为 40,32,28。任课教师经过协商认为,最低能力且是可接受的任一位学生,他(她)至少应答对第一类试题的 80%、第二类试题的 50%、第三类试题的 20%,那么,该特定考试的最低合格分数线确定为:$40 \times 80\% + 32 \times 50\% + 28 \times 20\% = 53.6$。因此,教师以 54 分作为这次测验的合格分数线是较可行的。但在目前学校教育中,人们通常以 60 分为合格线。为了符合这种传统的评分习惯,我们可以采取两种手段加以处理:一种是对考试分数进行线性变换;另一种则是在编制过程中事先就要确定与调整合格分数线,使之很接近 60 分。这对于控制与稳定测验标准,增加测验成绩之间的可比性是有重要意义的。

(3)个人内差评价

个人内差评价是指对学生的测验结果采用个别化的评价,以个人发展为参照,尽可能体现学生的学习进步。个人内差评价可以是横向比较,也可以是纵向比较。

个人内差横向评价是将同一个学生不同的学习科目或不同类型的行为在同一时间进行比较,对学生各个方面的发展情况做出评价。进行个人内差横向评价时,可以采用"揭短法",以该生发展最好的方面为参照,指出其他方面的不足;也可以采用"扬长法",以该生发展最差的方面为参照,指出其他方面的进步和长处。具体操作时要注意因人而异,教师需要根据学生的学习及个性特点,选择适合学生特点,能够促进其发展进步的方法。

个人内差纵向评价是从个人发展纵向比较的角度,将学生前后不同时间的成绩进行比较,评价学生的进步幅度和努力程度。对于班级中基础较差或学习成绩较落后的学生,假如教师在测试后按照惯例进行目标参照评价和班级常模参照评价,那这部分学生可能一直只能得到较差的评价,学生的自尊心和自信心都会受到挫伤,这对学生的个性发展往往弊大于利。这种情况下,教师可以采用个人内差纵向评价,不公开其实际测验成绩,但把测验情况告知学生本人,以便其明确课业发展情况和今后的努力方向。

2.微观分析方法

微观分析是从局部或内部结构上对测验结果进行分析,主要包括内容结构分析和能力结构分析。下面以一位学生某次语文考试为例,说明内容结构分析和能力结构分析的具体操作。

某生 A 在一次满分为 100 分的语文考试中得了 64 分,根据命题的双向细目表进行得分的归纳整理后,列出表 5-6。

表 5-6　学生 A 语文考试成绩分析表

	识记	理解	应用	分析	综合	小计	达成度
词语	10(10)	17(20)	3(10)			30(40)	75%
篇章		10(10)	7(10)	5(20)	2(10)	24(50)	48%
文学常识	10(10)					10(10)	100%
小计	20(20)	27(30)	10(20)	5(20)	2(10)	64(100)	64
达成度	100%	90%	50%	25%	20%		

注:括号内的分数是总分,括号外的分数是 A 生的得分。

从表 5-6 中我们可以作出以下分析:在内容结构方面,A 生在掌握文学常识方面很好,在词语掌握上也比较好,而在篇章方面问题较大。在能力结构方面,该生的"双基"尚可,记忆能力的达成度为 100%,理解能力的达成度为 90%,而高层次能力较差,应用能力的达成度只有 50%,分析能力与综合能力的达成度仅为 25% 与 20%。

二、测验成绩的报告与解释应注意的问题

1.测验分析要详尽

在一次测验完成后,教师不仅要指导学生进行测验分析,了解自己的学习状况,形成改进意见,而且教师自己更要进行认真的测验分析,充分开发和利用测验所提供的信息,掌握教学目标的达成情况,确定新的教学目标,并审视测验编制的组织情况,总结测验的成功和失误之处,为教学手段的运用积累经验和教训。

测验分析的内容包括:

(1)测验目的分析,即本次测验是在何种条件下实施的,测验期望达到怎样的效果。

(2)测验内容分析,审视测验内容是否体现课程标准的要求,是否符合学生的能力特点,是否达到了测验目的。

(3)测验统计分析,统计分析学生的成绩情况,如平均数、标准差等,分析学生的平均水平和学生成绩的离散程度,为下阶段的教学设计提供依据。

(4)测验效果分析,考察预期的教学效果是否实现;经过测验,是否能激发学生发现问题、解决问题,努力进取的良好学习态度,能否为进一步的学习打下良好基础。

(5)测验编制分析,对测验的题量、题序、题型、题质进行分析,考察试题编制的合理性和有效性。

2.测验结果的呈现要体现发展性

学生学业成绩评价的主要目的,在于调整与改进教与学,促进学生健康发展。测验的结果呈现作为教师对学生学业成就的评价展现,对学生的学习有重要的影响。但是,任何一个测验都不是一种绝对无误的尺,测验分数或等级通常不具有绝对的价值,只代表一种相对的意义。所以,教师应该在测验结果的解释与报告环节多花心思,让测验的效果能够得到正面的效应,起到增强学生学习动机,促进学生努力学习的积极作用。

(1)注意全面了解学生的情况

为了客观地解释学生的测验表现,教师不可单纯地根据分数武断地下结论,需要多渠道地了解学生的情况,如测验时的主观状态、平时的学习态度与学习表现、学习环境、家庭事件、学生的身体状况等,以期真实把握学生成绩产生及变化的原因,并为学生的发展提供明确的指导和帮助,同时增强学生的自我接受和自我了解程度。

(2)选择适合学生发展的评价参照点

根据不同的评价对象和目的,对评价结果的解释可以采用不同的评价标准。例如,对优等生选择"常模参照",促使他们找出自己与排名靠前的学生的差距,克服骄傲自满情绪;对中等生选择"目标参照",促使他们看到自己与教学目标之间的差距,克服"比上不足,比下有余"的思想,弥补知识上的缺陷;对后进生现在"自我参照",以克服他们的自卑情绪,树立其学习信心,培养其学习兴趣,使之逐步走向成功。

(3)不轻易给学生贴标签

测验结果只表明学生目前在某一方面的学习行为或目前所处的位置,代表他们学会了什么,怎样思考问题和表达思想,它表明的是学生目前的表现,但它不能代表过去,也不能预示未来。学生的发展是一个动态起伏的过程,不是一个线性过程。而且学生在某一方面的成绩不理想,但在其他方面却可能有上佳表现。因此,教师对测验结果的解释应该注意具体情况具体分析,不随意迁移评价结果,把某一次的测验结果作为客观定论,更不能轻易给学生贴上"缺乏学习动力"、"没有发展前途"、"能力差"等标签。

(4)防止评价结果的失真或偏差

测验的结果并不一定就是学生真实水平的表现。在测试活动过程中,除了发生在学生身上的一些不确定因素会造成测验结果的起伏变化外,试题本身不规范、难度过大或过小、区分度不够等,都可能导致学生的测验成绩失真或产生偏差。因此,不能过分迷信测验结果,教师要注意对测验的评价进行再评价,正确认识学生学习表现差异或变化的原因。

(5)反馈及时,注意方式与场合

一次评价活动结束后,教师要尽快把评价意见反馈给学生。因为评价本身具有激励作用,学生在得到评价结果后,一般都会进行一定程度的自我反思,调整自己的学习状态和学习方法。如果评价结果反馈不及时,学生就不能准确地获得自己学习的信息,不能从评价中得到有效的刺激,评价的发展性功能也就无从体现了。

测验结果可以采用集体反馈和个别反馈两种方式,每一种方式又可以有书面或口头的形式。一次评价活动后,每位学生对自己的结果都有一种期盼,教师公布的结果同自己所期盼的不相符合,自然会引起一些情绪波动,甚至产生负作用。教师在向学生反馈评价结果时应充分考虑到可能引起的问题,要本着尊重、爱护学生的态度,具体情况具体分析,根据测验的实际情况和学生的实际情况,选择适当的场合,采用适当的成绩报告方式。

(6)成绩报告要与指导性意见相结合

在处理评价信息时,教师不宜简单地把测验成绩发给学生了事,应该结合学生的测验成绩,给学生以相应简单的评语和针对性的指导性意见,不仅要指出学生学习中存在的问题,而且还应帮助学生找出产生这些问题的原因,并为学生改进学习提供具体的帮助和指导。如学生意志力不够,教师就要指出意志力对于学习的重要性,帮助学生锻炼意志品质;如学生的学习方法存在问题,教师就要提示具体的学法指导。

本章内容提要

学业成就测验是广泛应用于检查学生完成学习任务、掌握知识的程度以及取得学业进步情况的教育测验,它在学生评价过程中起着重要的作用。依据测验目的,测验可以分为摸底测验、形成性测验和总结性测验;依据测验参照的标准,有目标参照测验和常模参照测验;依据测验的功能,测验可以分为甄别性测验与发展性测验;依据是否提供答案,还可以把测验分为选择性反应测验与建构性反应测验;从编制程序的标准化程度分类,测验分为标准化测验和教师自编测验。

教师自编测验是学校教育教学中应用最多和教师们最愿意用的测验。要提高测验的质量,教师自编测验的编制必须遵循一定的原则和步骤,并掌握基本的编制技巧。编选学业测验的基本要求有:评价内容(测验内容)与课程标准相匹配;测验难度适当,与测验性质相吻合;测验具有有效性和科学性;题型必须有利于内容的考查;试卷编排规范、设计美观。

教师编制学业测验首先要分析课程标准与教学目标,建立学科考试目标分类体系。界定某学科的考试目标分类时,应当从学科内容特点出发,在学科课程标准的基础上,借鉴布鲁纳、加涅、安德森等人的教育目标分类方法,有创造性地进行,以符合实际需要。基于课程标准的学业考试目标的分类建立以后,就要进行学业考试的命题设计。命题设计可以从考试内容的要目入手,也可从所要测查的能力结构入手,再考虑所能体现能力的知识内容,建立命题的细目表。教师在制定好测验计划后,接下来就是选择适当的测验形式来构成测验。教师在编写试题时,应根据自己所要测验的内容和目标,并结合各类试题类型的长处和短处来决定取舍。

开放性学习活动是一种新型的学习方式,它重视"学业表现"(学习行为)而非"学业结果"(基础知识与基本能力),因此,开放性学习活动的评价通常不宜采用传统的纸笔测验,而应采用质性评价量表的等级评定法。其评价过程基本步骤为:确定评价目标和评价项目;选择"评价任务";确定"表现标准";"具体界定表现标准"并给各级"表现标准赋值";依据不同需要整合成不同类型的整体量表与分析量表并以之评价开放性学习活动。

测验成绩的分析一般分为宏观分析和微观分析。宏观分析主要是从整体上或与外部相比较所作的分析,如报告学生的实际得分,全班的平均成绩,学生在全体中所处的位置,学生本次成绩与前几次成绩的对比等。在具体实施过程中,根据分析时的参照点不同,宏观分析又可以有相对评价、绝对评价、个人内差评价三种方法。微观分析是从局部或内部结构上对测验结果进行分析,主要包括内容结构分析和能力结构分析。教师需要根据实际需要采用不同的分析方法,发挥评价的发展性功能。

[拓展阅读]

1. 崔允漷,王少非,夏雪梅.基于标准的学生学业成就评价.上海:华东师

范大学出版社,2008

这是我国第一本涉及"基于标准的学业评价"的著作。

本书在评价范式转型的知识基础上,积极借鉴国际"基于标准的评价运动"的最新成果,结合本土经验,在如何根据评价标准来命题、开发评价工具和评分规则、设计和实施表现性评价、国家教育质量监测、校内考试监控等重要课题上做出了积极探索。

2.安德森等编著,皮连生等译.学习、教学和评估的分类学.上海:华东师范大学出版社,2007

《布卢姆认知领域目标分类手册》被认为是 20 世纪教育领域影响最大的四本著作之一。本书是由当今最著名的教育心理学家、课程与教学专家和测量与评价专家对这一经典理论的修订。经典版布卢姆认知目标分类学只对作为教学评估的目标进行了六种掌握水平的分类;修订版则要求对教学目标、教学过程中的教学活动和教学评估按 24 个目标单元进行分类,这样就构成 72 种分类的结果。布卢姆的认知目标分类修订工作的完成表明知识分类学习论思想已被课程、教学和评估专家接受,是科学心理学与教学相结合进入新阶段的标志性成果之一,值得我们认真研究。

本书共分三个部分,分别为分类学:教育目标和学生学习;修订的分类学结构;分类学的运用。

3.[美]诺尔曼・E 格朗伦德著,罗黎辉,孙亚玲译.学业成就测评(第 7 版).南京:江苏教育出版社,2008

《学业成就测评(第 7 版)》是一份中肯、简明而实用的指导手册,为授课教师介绍了使用笔试和实际操作测评提高学习效果的办法。本书使用真实案例阐明了测评过程,强调高效教学必须进行测评。本书行文清晰直接,主要介绍了如何准备及使用课堂测试和实际操作测评,如何划分分数等级,如何向学生和家长解释标准化测试分数。

[反思与探究]

1.国外的学业水平考试注重考察学生的学业能力,如美国的 SAT 只考察两个最基本的能力,一个是学生的言语运用的能力,一个是数学的基本技能和思维能力。所有的题目都是从这两个基本点引发出来的。而国内考试注重的是知识点,如中考命题,命题老师重点考虑的是针对某个知识点必须考查什么,这与国外的做法是非常不同的。对这种差异你有什么看法?试评价两种出题思路的优劣。

2.如何保证开放题与课程标准的匹配度。

3.学生学业评价的两种观点,一种观点认为,应该以学业活动的结果(学生对知识、技能的掌握量等属性)作为预期的学业成就的主要内容,另一种观点认为应该重视学生在学业活动中的表现(参与情况、努力程度、掌握水平、独特表现等)。你认为这两种观点各有什么优劣点?

4.在许多课堂上,我们看到不少教师在学生回答问题,或是同学相互讨论之后,要么只是"嗯"、"好"、"还有谁想说",要么就是不做任何评价。常常在两位激烈争论的学生期待老师明辨是非时,教师只是含糊地说"你们说的都有一定道理。""你们讲的都不错。"你认为老师的这种评价方式存在什么问题,对学生会有什么影响?

5.教师不再成为课堂评价的霸主,一统天下、垄断评价,而是更多地让学生参与其中。每节课上都有几次这样的生生互评安排,如教师让一位学生读课文,学生读完后,教师问其他同学:"大家觉得他读得怎么样?"学生的回答往往诸如:"声音很响亮。""声音太低了。""读得很好。""很有感情。""有个字读丢了。""有个字音读错了。"教师于是让读书的同学把错误纠正一下或者简单地表扬一下。这样的学生互评是否具有质量?教师如何发挥主导作用,如何防止课堂评价没有质量、流于形式。

6.学生考试成绩无论是相同还是不相同,其分数的内在构成因素都是不同的,它隐含了学生的学科心智特质差异。要发挥考试的诊断功能,应当对考试数据进行怎样的分析?

第六章 学生评价中的心理效应与心理调控

【学习目标】

1.了解学生评价对学生产生的一般心理影响。

2.了解评价者心理对评价过程的影响。

3.理解调控评价心理的意义。

4.了解评价者在评价过程中的心理现象,并掌握评价者心理调控的方法。

5.了解被评价者在评价过程中的心理现象,并学习被评价者心理调控的方法。

教育评价过程就是评价者与被评者的心理交融过程。在这里,既有评价者或被评者自身内部的活动过程,又有评价者与被评者的互动过程。被评者的心理、行为受到评价者评价策略、作风和方法等心理能力的影响,而评价者在不同情境以及被评者的不同心理活动的影响下所获得的评价结果是有差异的。评价过程中各种心理因素的和谐运动,是保证评价可靠、准确并富有成效的必要条件。因此评价的可信度不仅取决于评价指标的信度和效度,而且取决于评价者主体及客体心理因素的影响。为了提高学生评价结论的真实性,在评价过程中,要充分认识评价主体和客体心理状态对评价结果的影响,积极做好评价者和被评者的角色心理的有效调控。

第一节 学生评价心理概述

一、什么是评价心理

评价心理是评价者和被评价者对评价实践活动以及评价过程中的各种关系、交往等现实活动的反映过程,也泛指在评价过程中评价双方的思想、情感等内心活动及其行为表现方式。

在学生评价过程中,评价者和被评价者产生的心理活动和表现是多种多样的。评价者在评价的组织过程、实施过程和解释过程中,都存在着各种典型的心理现象,如角色心理、期待心理、刻板归因等;被评价者在自评过程、受评过程和结果反馈过程中也存在着各种复杂的心理现象,如疑惧心理、受审心理、应付心理等。评价者和被评价者的心理状态必定会对评价结果、评价效应等产生影响,可能导致评价结果不准确、评价"失真"的情况。为了提高评价的信度,就必须考虑和分析评价者和被评价者的心理现象,注意与这些心理现象相应的组织调控与思想教育。

二、学生评价对学生产生的一般心理影响

学生评价是以学生为评价对象,对学生的发展过程和状况进行价值判断的过程。这种判断有肯定和否定两个方面,在肯定或否定的评价中,又有程度高低的差异。评价活动必将对学生产生多方面的影响,其中对学生所产生的心理方面的影响是值得关注的。作为教师,只有明确评价对学生产生的各种心理影响,才能在具体实施评价的过程中趋利避害、扬长避短,真正发挥评价的作用,进而有效地调动学生学习和发展的积极性。总体来讲,学生评价所产生的心理影响主要有以下几个方面。

1. 对学生自信心和自我知觉的影响

正向评价和负向评价对学生心理的影响是不同的。一般而言,学生如果得到正向评价,就容易从肯定的方面看待自己,自信心就会得到增强;相反,如果得到负向的评价,就容易从否定的方面看待自己,产生失落感与自卑感,甚至会影响学生的自我概念。

2. 对学生情绪的影响

学生得到好的评价时,就出现情绪稳定,注意力集中,情绪不安程度下降的倾向;得到不好的评价时,就会出现精神紧张加剧,情绪不安程度上升,注意力分散的倾向。

3. 对学生的意志和动机的影响

评价所带来的竞争效果是无形存在的。学生评价能在很大程度上激发学生的成就动机,使学生对学习和生活投入更大的热情和努力,并增强克服困难的意志。即使是得到不好的评价,只要老师给予适当的指导,学生的干劲也能被激发起来。因此,总体而言,评价有利于学生竞争意识的发展,能充分调动学生学习的积极性,使个人潜能得以更大发挥,也有助于培养学生对竞争日益激烈的社会的适应能力。但是,评价也会对学生的意志和动机产生不良的影响。有时,得到好的评价会使一些学生产生骄傲自满、安于现状的心理,得到不好的评价会使一些学生意志沮丧、干劲削弱。

4. 对期望目标的影响

学生得到好评后,能出现向着更高目标奋斗的倾向;如果得到不好的评价,会出现降低原定目标水平,转向更为容易实现的目标的倾向。连续得到不好的评价时,则会产生不切实际的幻想目标。

5. 对师生关系和生生关系的影响

学生评价活动中,学生得到的评价主要来自老师和同学。当学生得到好的评价时,会对评价者产生好感;得到不好的评价时,即使评价是有充分根据的,也会对评价者产生厌恶感。

三、评价者心理对评价过程的影响

1. 对制定评价方案的影响

在制定评价方案的过程中,评价者(设计者)的认识水平、专业能力、态度价值观、个体经验、性格、品德水平、情绪状态等心理因素都对评价标准的理解与确定、问卷以及试题的设计等产生这样或那样的影响。例如,评价者对学校教育教学的主要目的是传授知识还是培养能力的不同认识,可能导致在编制指标体系或在命题时,偏重对学生知识记忆的考察或是能力发展的评价的差异。

2. 对评价实施过程的影响

在评价方案的实施过程中,评价者与被评价者存在一系列的交互作用过程,也会产生复杂多变的心理矛盾与冲突。评价者的心理状态,可能影响评价信息搜集的全与缺、真与伪、快与慢,也可能影响对信息材料的取舍与归属,还可能影响评价方式和评价的严肃性,造成信息分析正误、评分高低、评语褒贬、权重分配、成绩认定等方面的偏差。

3. 对评价结果解释的影响

评价结果的解释是做出结论进行因果分析的过程,较之其他评价活动,受主观心理影响更大。评价者的心理倾向,可能使评价结论产生全面或片面、夸大或缩小、主观或客观、理智或情绪化等一系列偏差现象。

第二节　评价者的心理状态与调控

在教育评价过程中,评价者与被评者之间的关系是相互联系、相互独立,又相互排斥的。在两者之间的关系中,起支配和主导作用的是评价者,其心理状态与心理倾向会明显地影响评价的公正性和准确性,其消极心理因素不仅会直接造成评价的偏差,而且会对被评价者的心理状态带来不良影响。在学生评价中,评价者主要是教师,也可以是学生自己或同伴。不同评价主体的心理特点及效应也存在着差异。

一、作为评价主体的教师的心理状态及其调控

教师是学生个体素质发展的主要评价者。尤其是班主任,他们不仅较全面掌握学生各方面发展的信息,而且是整个评价活动的策划者、组织者,其观念、知识经验、态度、情感等心理因素对整个评价效果有着决定性的影响。

1.常见的教师心理偏差

(1)首因效应

首因效应是指最先获得的学生信息和印象,影响教师对同一学生全面了解的心理现象。首因效应有"先入为主"的作用,对教师评价学生产生强烈影响,故也称为"第一印象"。社会心理学研究表明,人们对他人的评价往往取决于"第一印象"的好坏,并且很容易在对他人以后的评价中形成"刻板效应"。

在学生评价中,"第一印象"会在某些教师的心理上固定下来,成为以后对待某个学生的主要依据。这种现象较经常出现在教师接教一个新班的起始阶段。一个开始表现好的学生,教师可能因首因效应而忽略他的退步,始终保持"好学生"的印象;而一个开始表现较差的学生,教师可能因首因效应而看不到他的点滴进步,心目中始终留有"差学生"的印象。又如教师批改学生试卷或作业,两个学生正确的题目数和错误的题目数相等,其中一个学生开头正确的题目较多,给教师留下较好的印象,可能影响总的评分偏高;另一个学生开头做错的题目较多,教师有了较差的第一印象,可能影响总的评分偏低。首因是个强刺激,但最先获得的信息未必是主要的、本质的和真实的,仅凭"第一印象",教师对学生不可能做出全面、透彻的了解,信息难免有主观性和片面性。依赖于这种印象而做出判断或评价,极易造成偏差。

(2)晕轮效应

晕轮效应也称"光环效应",是指由获得个体某一行为特征的突出印象,或对被评的某一项特征形成好或坏的印象后,将此评价特性印象泛化,进而将其扩大成为整体行为特征的心理效应。

晕轮效应的效应意义主要表现在两个方面。第一是掩盖。当评价者对某人某种特征和品质有了清晰明显的印象时,由于这个印象非常突出,则可能掩盖对这个人其他特征和品质的了解,妨碍对评价对象的全面了解,或者说这种突出的特征或品质像一个光环一样,把人笼罩起来,使观察者无法注意到他的其他特征或品质,从而以一个人的一种特征或品质,做出对他的整个特征的判断。例如,教师评价学生的作文,可能会因为某篇作文特别工整、美观,就作出该作文优秀的评价,其实除书写之外,该文并不优秀;如果书写特别潦草,本来优秀的作文被评为一般或较差。这样就产生了对学生以局部代替整体把握的现象。学生评价中"以分遮百丑",认为优秀学生没有缺点,而后进生没有"亮点",都是这种效应的表现。第二是弥散。指整体印象或突出知觉的特征扩散到相关要素的知觉上,或者赋予类似特征的现象。"爱屋及乌"即是这种心理。如,因为学生的仪表、态度、家庭状况等,教师对学生产生好感或恶感,客观评价被打上情感的烙印,从而影响教师对学生其他方面的正确评价。

晕轮效应往往造成对学生以点概面、以偏概全的不公正的评价。同时,这种晕轮效应还容易引起马太效应的连锁反应。如一些优秀的学生会经常听到表扬的声音,学校领导表扬他,老师表扬他,父母表扬他。但另一些成绩不好的学生,不仅在家里得不到表扬,有些老师也会戴着有色眼镜看人。这样一来,马太效应就必然会造成老师只重视和培养少数拔尖的学生,放弃了对差生的培养,造成学生群体中少数和多数的隔膜和分化。

视窗 6-1

马太效应

马太效应(Matthew effect)社会心理学效应之一。来自《圣经》中"马太福音"一章结尾的诗句:"凡有的,还要加给他,叫他有余;没有的,连他所有的也要夺过来。"美国科学哲学家罗伯特·默顿以此概括出"对于有相当声誉的科学家做出的贡献给予的荣誉越来越多,而对那些还没有出名的科学家则不肯承认他们的成绩"。马太效应的积极作用在于:这种近似"终身荣誉制"的现象。对人们特别是年轻人有巨大的吸引力和压力,激励他们突破这种无情的剥夺,以争取无尽的奖赏。其消极作用在于:一方面给新生力量的成长设置了巨大的障碍;另一方面也会使人们为逃避剥夺或攫取荣誉而不顾道德、不择手段。

资料来源:车文博. 当代西方心理学新词典. 长春:吉林人民出版社,2001:214—215

---

(3)定势效应

定势效应,也称刻板效应,是指在人们头脑中存在着关于各种类型人的固定形象。在学生评价中,由于定势效应的影响,教师往往带着有色眼镜用固定不变的眼光"看待"学生,并在其固有看法的制约下去搜集信息,整理材料。符合自己固有看法的,认定为真,不符合自己固有看法的,则抱怀疑态度,甚至认定为假。同时,在对材料进行分析时,从成见出发,进行因果分析和价值判断,对与自己成见相悖的因果关系或价值认定加以排斥。教师看不到后进生的进步、优秀生的缺点,而根据已有的关于这类学生的固定形象判断其优劣,常是这种定势效应使然。

（4）情绪偏差

在心理活动过程中，个人的情绪往往会影响评价者对外界信息作出反应的程度和方式，影响评价者对于信息的判断。当教师心情不愉快时，要求往往会相对苛刻；而当心情愉悦时，则要求往往相对宽松，这在评价过程中都会妨碍评价的客观性和公正性。

（5）求全心理

求全心理也称理想效应。期望值太高是这种心理偏差产生的主要原因，"恨铁不成钢"是求全心理的主要表现。在求全心理的驱使下，教师对学生往往比较苛求，自觉不自觉地提高了要求。当"失望"时，就会对学生产生过低评价。

求全心理多反映在对待后进生的表现上。教师往往在心目中对学生有一种理想化的价值期望，并以此作为对后进生评价的依据。即使后进生有了微小的进步，但教师觉得离他的期望值还差得太远，因此不予重视，不予理睬。

（6）顺序效应

顺序效应是指因评价的先后顺序不同，而对学生的评价结果产生干扰的一种心理态势。顺序效应有两种形式：

先严心理。其表现是开始评价时掌握标准偏严，致使评价结果偏低。产生这种现象的原因是评价刚开始时，主评者对评价标准还不熟悉，"严格掌握评价标准"的要求还深印在脑海中，认为做好评价工作，就要严格遵循评价标准，甚至抱着"宁严勿宽"的心理进行评价工作，自然掌握标准就会偏严。另一原因是评价开始时缺少其他评价对象作为参照标准，主评者在不了解其他评价对象水平如何的情况下，容易对开始接触的评价对象严加要求。

先宽心理。其表现是，与先严心理相反，开始评价时，掌握标准偏低，评出的结果会有所偏高。产生这种状况的原因是，刚开始评价时，主评者对评价标准还不熟悉，害怕标准掌握严了，评价结果低了，会遭到各方非议，于是抱着"试试看"的心理进行评价，自然就会降低要求。另一原因是，评价开始时，主评者不了解其他评价对象的水平，容易对先评价的对象放松要求。

2. 教师心理偏差的调控

评价过程中评价者的心理现象不仅仅是其心理过程、心理状态、心理特征等的表现，也是评价者思想觉悟、道德水平、能力素质、知识经验的反映。因此，心理调控既要有技术性措施调控，而且要有思想教育、纪律教育和专业素质的保证。

（1）加强理论学习，提升教师思想境界及其学生评价专业素质

教师的思想境界和专业素养是保证学生评价有效性的关键所在。如果对教师群体进行分类，至少可分为两类：一类是生存型教师，另一类是事业型教

师。前者视教师职业为谋生的工具,利禄支配着其"教书育人",在学生考试成绩与教师切身利益挂钩的挤压下,难免功利主义地以"考分"评价学生优劣并区别对待。事业型教师能从教书育人中体验到了幸福和欢乐,又能真心关爱学生、尊重学生,评价学生能超越功利的桎梏,既关注学生知识掌握、能力发展的状况,也关注学生道德素养、情感、人格的发展状况,从而给予学生以全面、整体、综合的评价。因此,要减少学生评价偏差,需要教师加强理论学习,明确评价的意义、要求、内容、标准、方法以及应注意的问题,树立正确的教育思想和评价思想,提高相应的评价能力和水平,确保评价工作顺利、高效地进行。

(2)培养良好心态,调控自身情感

在评价过程中,教师积极、良好的心态对防范心理偏差有重要作用。所谓良好心态,一是客观公正的心态。要防止仅凭最初印象、主观经验、感情喜好、书面材料等就简单作出价值判断,防止用静止的观点看待学生,对学生要一视同仁,博爱而不偏爱,防止意气用事。对好学生、听话学生、得力助手不应偏袒,对那些不听话、不那么顺从、跟老师有不同意见、对老师有看法的学生也不持偏见。总之,不以个人好恶为标准,不受个人情绪所左右。二是与人为善的心态。评价本身不是目的,而是促进学生发展、促进教育质量提高的手段,因此,教师要牢记评价的根本宗旨,坚持以学生为本,尊重学生,一切为学生着想。尤其是在实施学生素质发展评价中,教师更要满怀对学生的关爱、尊重、温情、信任和期望。教师只有抱有这样的心态,才能使评价具有强烈的激励作用,使评价成为学生自我教育的一种方式,最终促进学生的素质发展。

(3)尊重客观事实,做好资料积累

客观、全面、公正地评价学生,须掌握学生较充分的信息,光环效应、参照效应等心理偏差的产生,都在于教师缺乏对学生真实情况的了解,或缺乏客观分析。因此,教师应注意加强与学生在思想上、情感上、态度上的信息沟通。教师既要重视师生课堂上的言行互动,也要重视课堂之外的非正式沟通的信息交流,如余暇交谈、师生私人交往等,全面、真实地了解学生的思想、情感和态度。事实上,对学生综合素质最重要的评价依据就是学生日常的表现,这需要教师日常的观察和积累,尤其是对学生关键表现的纪录与分析。反映学生的关键表现的记录主要有:关键的考试成绩(如期末考试成绩),关键的表现性作业(如探究报告),综合实践活动(包括社区服务)记录,特长与获奖情况,学生的自我描述,关键他人(如熟悉的老师、同学或家长)评语等。另外,需要注意的是,教师还应尤其注意班中位于中间层次的学生,增加对他们的了解。因为教师重视的大都是冒尖的"两头",而夹在"两头"之间的很大一部分"中间层次"的学生,学习平平,能力一般,没有出众的表现,也不给教师添乱,教师常对他们了解和关注较少,对他们的评价往往也会趋于平淡,无法发挥对学生的激励作用。

二、作为自我评价主体的学生的心理偏差及其防范

自我评价是学生发展评价的一种重要形式。在自我评价中,不少学生往往错误地高估自己,或低估自己。因此,在学生评价过程中,应当注意分析和调整学生在自我评价中形成偏差的心理因素,以提高评价结果的可靠性。

1. 学生在自我评价中常见的心理偏差

学生在自我评价中往往通过三种途径来评价自己:一是根据别人对自己的评价来评价自己。经常受到他人表扬的人,就会获得自信心,在自我评价中多持自我肯定的态度;相反,经常受批评的人,则会缺乏自信心,看不到自己的长处,因而在自我评价中多持自我否定的态度。二是参照别人的水平来评价自己。学生通过与自己地位、条件相类似的人对比进行自我评价,这是日常评价中学生较普遍存在的一种心理倾向。但由于选择类比的对象素质发展的条件或成因有别,这就可能影响评价的真实性与准确性。三是通过自我分析来评价自己。自我分析带有很强的主观色彩,其准确性受自我观察能力和认识水平的制约。如果个体的自我观察能力较差,自我分析水平较低,就会导致自我评价的偏差较大。

2. 学生作为评价主体的心理偏差的防范策略

要避免学生在自我评价中出现偏差,可从三个方面进行防范:一是教育学生要正确认识别人对自己的评价,既不要盲目接受,又不要拒不理睬,而要实事求是地吸收别人对自己评价中的合理成分。二是教育学生要注意把握与别人比较时的可比性,注意类同点,不滥比,指导学生正确地将比较当作启发自我评价、正确进行自我评价的手段。三是教育学生要学会把别人的评价、与别人比较和自我评价统一起来,进行综合分析,力求客观。要做到这一点,就必须提高学生对客观事物和自我的认识水平。一般来说,自我认识的水平越高,自我评价的水平也会越高。

第三节   被评价者的心理与调控

一、被评价者常见的心理现象

作为评价客体的学生对评价所持的态度一般有三种:一种是积极欢迎的态度,一种是无所谓的态度,还有一种是反对或害怕的态度。不同的态度对评价的结果均有不同的影响。持积极欢迎态度的学生,会积极主动地参与评价过

程,客观地对待别人及自己的优缺点,评价的结果更有利于促进他们自身素质的全面发展。持无所谓态度或持反对、害怕态度的学生对待评价工作马虎应付,表现出种种消极心理和行为,不利于评价激励作用的发挥。作为被评者的学生易出现的消极心理现象主要有以下几种。

1. 疑惧心理

有些学生由于对评价的意义和目的认识不足,对评价未来(结果及解释、应用等)所产生的疑虑和惧怕,或者对以往的某些评价有过痛苦的体验,担心评价对自己的名誉、利益或前途会形成影响,从而产生过度紧张的情绪状态,表现出不恰当行为。如有的学生担心评价结果不好,自己脸上无光或个人在教师心目中的地位和在同学中的形象受损,一遇评价就忧心忡忡;有的学生怕别人说自己"骄傲自满"而故意低评自己;有的怕老师或同学看不到自己的成绩,而有意把自己评高;有的怕如实评价他人,会影响相互关系。这种焦虑心理会影响学习成绩的正常发挥,如考试焦虑使学生不能发挥正常水平。疑惧心理既给被评价者以沉重的心理负担,又影响了测试的准确性,对收集评价信息十分不利。

2. 防卫心理

防卫心理是指学生在被他人评价过程中产生的一种为保护自己免遭外界干扰,在自己身上或周围环境中找一些理由来为自己辩护,力图维持原有平衡状态的心理倾向。

防卫心理一般有以下几种表现:一是怀疑。即质疑评价的科学性或教师评价的公正性,并以此为藉口拒绝评价者的评价,使自己得到舆论支持。二是掩饰。即有意表现出某种积极性或优点,以遮掩自己的短处和缺点,或用各种方式挑别人的短处和缺点,以显示别人比自己还差。三是争功诿过。即把别人的功劳戴到自己头上,把几个人合作的成果归个人所有,或寻找理由为自己辩护,推卸责任以减轻内疚。四是文饰作用。采取怨天尤人或自我解嘲的方式掩饰自己不符合评价目标的行为表现,如把考试成绩不好归咎于身体不好,临场发挥失常,或出题不公,试题偏难等,或贬低自己未能达到的评价目标的价值,对自己的过失装出不屑为憾的模样。五是投射,将自己的失误或不当转嫁到他人身上以开脱自身。六是反抗,当遇到对自己本人不利的评价时,心情压抑,否认评价结果,千方百计寻找评价的不公正之处,力求改变评价结果。

防卫心理作为自我防御机制,有一定的积极意义。但是如果对评价结果特别强烈的自卫,便会影响评价的管理、指导、诊断、激励等功能的实现。

3. 应付心理

应付心理是指学生不乐意参与和接受评价活动及结果,表现出随意应付的消极的评价心理。其表现形式多种多样。如自我评价不认真,走过场;对主评者所提要求不重视,敷衍了事;为主评者提供或反馈的信息材料马马虎虎、残缺不全,等等。在学生的这种心理状态下,评价者无法对评价对象进行深入、全面的客观性评价,容易引起学生的不满情绪或使其进入疲劳状态,使评价过程受阻,评价活动受到限制。

4. 逢迎心理

逢迎心理是指某些学生为了获得不合实际的好结论而表现出来的反常的积极配合的心理状态。如有的学生为了得到好的评价,简单、机械地表现指标行为,或极力迎合评价老师和学生的喜好,表现出一种积极的假象。逢迎心理容易使评价者受到情绪感染,发生弥散现象,心境上染上愉悦、理解、同情的色彩,从而被诱导做出偏向性的肯定评价结论。

5. 攀比心理

在评价结果反馈过程中,由于对某些问题比较敏感,一些学生容易产生一些消极的攀比心理。结果反馈时易引起学生敏感的问题主要有以下几种:第一,当评价结论有名次时,对名次或排列顺序极为敏感;第二,当评价结论具有评价分值时,对综合分值、分项分值以及某些关键指标的得分非常敏感;第三,当评价结论为定性描述判断时,对评价用词高度敏感;第四,对一些涉及实用价值和发展水平的关键因素(如效果、质量、个人素质、能力、发展可能性)的分析用词很敏感。攀比心理容易使学生过多地把自己的注意力集中在与其他学生的对比上,例如比得分、比名次、比评语等,挑剔评价过程中的枝节缺点、问题和某些不可避免的失误,甚至怀疑评价的公正性,否定评价的作用。

二、被评价者的心理调控

作为评价客体的学生在评价过程中发生的心理行为是由对评价的认识和评价活动引起的,其心理内容集中地表现为怎样对待评价的问题。因此,对作为评价客体的学生的消极心理,主要是解决思想认识问题和控制评价的方式与活动。

1. 加强教育引导,提高学生对评价活动的认识水平

首先在评价过程中要做好教育引导,帮助学生认清评价的意义,了解评价对自己促进自身素质发展、形成正确的自我意识、学会自我发展的重要意义,从而激发他们对评价的需要,促使他们自觉参与评价活动。二是要培养学生的自我认识和接受意见的能力,客观地对待他人的评价意见,正确对待自己,全面看待自己的优缺点,正确处理成功与失败的关系;三是要引导学生根据自身环境和具体情况,确立一个符合自己的目标,充分发挥自我优势,做一些自己满意的事,以求心理平衡;四是帮助学生建立良好的人际关系,与同学以诚相待,避免

产生过强的嫉妒心理,虚心学习同学的长处,努力克服自卑、怯懦的不良情感。

2.提高学生的评价参与程度

学生参与评价活动的程度,直接影响到他们对教学评价的态度与行为。参与程度越高,他们对教学评价的认可程度越高。在学生评价活动中,从制定评价方案到确定评价标准,都应当认真听取学生的意见,采纳其合理建议,获得他们的认同。评价活动的时间和过程安排也要征求学生的意见,取得他们的配合。做出评价结论时,要听取他们的申辩,获得他们的认可。评价对象全过程参与教学评价活动,不仅有利于消除他们对教学评价的抵触心理,端正其心理偏差,且有利于提高教学评价的客观性、可靠性,更好地发挥教学评价的功能。

3.帮助学生提高心理调控能力

对学生进行心理方面的指导,帮助他们获得相关的心理学方面的知识,掌握心理调控方面的技术,提高其心理的自我调控能力,有助于评价对象保持良好的心理状态,降低或消除心理偏差。要引导评价对象正确对待来自评价的压力,提高自信心,克服焦虑。引导他们正确归因,克服归因过程中的自利偏差。引导他们以良好的心态对待他人的评价,学会自我调控,促进消极情绪向积极情绪转化,并将焦虑调控到适当的水平,做到评价结果好时高兴,但不骄傲;受到不公平对待时,要坚决地提出意见,但不走极端;看到别人评价成绩比自己好时,应替别人高兴,而不嫉妒;看到别人的评价不如自己时,更不幸灾乐祸,沾沾自喜。

4.评价结果的反馈方式要适当

在学生评价过程中,学生的需要、自信心、自尊心和情绪等都在不同程度上受着评价结果的影响。有时会因为评价结果的反馈方式不当,造成评价对象自信心动摇、自尊心受挫、情绪不稳定等消极心理行为。因此,对评价结果的反馈要讲究方式方法,要启发学生客观地认识自我,并向学生做一分为二的定性解释。

本章内容提要

教育评价过程是评价者与被评者的心理交融过程,评价活动影响着学生多方面的心理发展,评价过程中出现的各种心理现象也影响着评价活动的成败。

学生评价活动对学生心理的影响是多方面的,如对其自信心、自我知觉、情绪、意志、动机和期望目标等方面都有重要的影响。教师需要关注并明确评价对学生产生的各种心理影响,以便在评价实施过程中趋利避害、扬长避短,真正发挥评价的作用。

在学生评价过程中,评价者和被评价者产生的心理活动和表现是多种多样的,它们对评价结果、评价效应等产生影响,可能导致评价结果不准确、评价"失真"的情况。因此,为了提高评价的信度,就必须考虑和分析评价者和被评价者的心理现象,注意与这些心理现象相应的组织调控与思想教育。

首先,作为评价主体的教师在评价的组织过程、实施过程和解释过程中,会存在着一些典型的心理现象,如首因效应、晕轮效应、情绪效应、期待心理、刻板归因、求全心理等。这些心理偏差的产生不仅仅是教师心理过程、心理状态、心理特征等的表现,也是其思想觉悟、道德水平、能力素质、知识经验的反映。因此,要保证学生评价的有效性,需要教师加强理论学习,提升思想境界及其学生评价专业素质,积极培养良好心态,调控自身情感,尊重客观事实,做好资料积累,避免或减少偏差的产生。

其次,作为自我评价主体的学生在自我评价过程中也会出现心理偏差,高估或低估自己。要避免学生在自我评价中出现偏差,需要引导学生正确认识别人对自己的评价,注意把握与别人比较时的可比性,学会把别人的评价、与别人比较和自我评价统一起来,进行综合分析,力求客观。

第三,作为评价客体的学生在受评过程和结果反馈过程中也存在着各种复杂的心理现象,如疑惧心理、受审心理、应付心理等。要减少学生受评的消极心理,首先需要对学生加强教育引导,提高他们对评价活动的认识水平;教师还要选取恰当的评价结果反馈方式,注意保护学生的自信心和自尊心。同时可以通过提高学生在评价活动中的参与程度来提高他们对评价的认可程度。另外教师还要重视对学生进行心理方面的指导,帮助他们获得相关的心理学方面的知识,以良好的心态对待他人的评价,学会自我调控。

[拓展阅读]

1. 陈德华. 教学中的心理效应. 上海:上海教育出版社,2009

《教学中的心理效应》立足于普通心理学、教育心理学及社会心理学领域,从教与学两方面来探讨教学活动中的心理效应问题,着重将社会心理学领域关于心理效应的研究成果运用于教育心理学领域,用前人的理论对教学活动中的某些问题进行心理效应分析,进而解释今天教学实践中的现象或问题;或者带着教学实践中的具体问题,去进行心理效应探讨。换言之,就是将心理效应置于教学活动的特定情境之中,来了解其如何反映、体现或表征,从而弄清它们之间的联系,其实也就是探讨心理学理论在教学实践中的应用。全书融知识性与实用性、理论性与实践性于一炉,旨在帮助教师在教学工作中学会利用正面效应或某些心理效应中的积极因素,防止负面效应或某些心理效应中的消极因素。

《教学中的心理效应》内容主要包括：教学活动与心理效应的关联、教学中的师生关系与心理效应、与教学策略有关的心理效应问题、教学设计过程中的心理效应问题、课堂教学中的心理效应现象、课外辅导中的心理效应现象、教育教学评价中的心理效应问题等。各部分内容既相互联系，又自成体系，所讲述的每一个心理效应问题都相对独立。

2.刘儒德.教育中的心理效应.上海：华东师范大学出版社，2006

心理学是描述规律的科学，教育自然要遵循科学，但应用科学规律则是艺术，有赖于教师们根据自己的特定情境去创造。心理学的实验和调查属于科学，生活中、家庭里、课堂上的故事和案例则属于科学的艺术。教育是科学的，也是艺术的。藉由理解、模仿和反复实践而不断创新。心理学的规律和效应非常多，本书精选了64条，并将它们分为教学、教育和管理三部分，以适用于教师在不同方面的工作。在体例安排上，在每篇文章的正文前面，本书都呈现一个经典的实验、故事或者问题情境，以激活读者的先前知识经验，唤起读者探究正文的兴趣。

3.唐全腾.教师不可不知的心理学.上海：华东师范大学出版社，2008

这是一本用心理学来看学校教育的书，从学习、关系、决定三个角度解释了从众、模仿、习得无助等现象，并结合教学场景进行了分析。作者选择了校园中最常见的事情来分析其中所包含的心理学的原理，并从教师的角度给出了认识和处理方法。

[反思与探究]

1.在教育教学中，存在这样的现象：后进学生问问题，教师常常唠叨："连这样简单的问题都不会做"、"这道题我已经讲过很多遍"等等。虽然教师还是十分认真地指导了学生解题，但眼神或脸部表情告诉学生："你真笨"，"怎么搞的，还不懂"。这与回答优秀学生问题时那种兴奋、专注、不厌其烦的神态迥然不同。你认为教师的这种行为是哪种心理效应的反应？并试评价之。

2.在学生互评活动中，学生既是评价者也是被评者，两种角色的扮演过程中会出现怎样的心理现象？表现出怎样的行为？

3.学生在评价过程中表现出来的心理现象对他们的学习和发展会产生怎样的影响？

参考文献

[美]安德森等编著,皮连生等译.学习、教学和评估的分类学.上海:华东师范大学出版社,2007

[美]比尔·约翰逊著,李雁冰译.学生表现评定手册——场地设计和前景指南.上海:华东师范大学出版社,2001

[美]贝兰卡,查普曼,斯沃茨著,夏惠贤等译.多元智能与多元评价:运用评价促进学生发展.北京:中国轻工业出版社,2004

[美]布鲁姆等编,邱渊,王刚等译.教育评价.上海:华东师范大学出版社,1987

蔡亚萍.档案袋评价在作文教学与评价中的运用.教育评论,2003(1):41—43

陈德华.教学中的心理效应.上海:上海教育出版社,2009

陈向明.质的研究方法与社会科学研究.北京:教育科学出版社,2000

崔允漷,王少非,夏雪梅.基于标准的学生学业成就评价.上海:华东师范大学出版社,2008

高国平.生活叙事,让品德评价无痕.小学德育,2008(5):11—13

《教育部关于积极推进中小学评价与考试制度改革的通知》基[2002]26号

胡中锋.教育评价学.北京:中国人民大学出版社,2008

黄光扬.新课程与学生学习评价.福州:福建教育出版社,2005

侯光文.教育测量与教学评价.济南:明天出版社,1991

霍力岩.多元智力理论及其对我们的启示.教育研究,2000(9):71—76

季浏.我国中小学体育学习评价改革研究(博士论文).上海:华东师范大学,2005

[美]加德纳著,沈致隆译.多元智能.北京:新华出版社,1997

[美]尼尔森著,玉冰译.正面管教.北京:京华出版社,2009

[美]吉诺特著,冯杨,周呈奇译.老师怎样和学生说话.海口:海南出版社,2005

柯森,王凯.学生评价一种基于新课程改革的探讨.当代教育论坛,2004(8):30—33

兰惠敏,张继培.学生评价及其对学生产生的心理影响.当代教育论坛,2007:53—54

李润洲.学生评价偏差的心理探源.山东教育科研.2001(10):34—36

李雁冰.质性课程评定的典范:档案袋评定.外国教育资料,2000(6):10—12

梁东标.学生素质发展评价中主客体的心理偏差及其防范.教育导刊,2007(3):20—22

林生傅.教育心理学.台北:台湾五南图出版公司,1994

卢正芝,张伟平.主编现代教育学导论.杭州:浙江大学出版社,1999

刘儒德.教育中的心理效应.上海:华东师范大学出版社,2006

刘志红.学校体育教学评价体系构建与可操作性研究(博士论文).石家庄:河北师范大学,2007

麻彦坤.最近发展区理论对动态评估的影响.上海教育科研,2005(2):34—36

麻彦坤,叶浩生.维果茨基最近发展区思想的当代发展.心理发展与教育,2004(2):89—93

[美]诺尔曼·E格朗伦德著,罗黎辉,孙亚玲译.学业成就测评(第7版).南京:江苏教育出版社,2008

[美]帕雷斯等著,袁坤译.培养反思力——通过学习档案和真实性评估学会反思.北京:中国轻工业出版社,2001

唐全腾.教师不可不知的心理学.上海:华东师范大学出版社,2008

唐晓杰.课堂教学与学习成效评价.南宁:广西教育出版社,2000

王海芳.学生发展性评价的操作与案例.北京:中国轻工业出版社,2006

王凯.问题与对策:对我国当前基础教育学生评价状况的思考.教育评论,2005(5):31—35

肖鸣政.品德测评的理论与方法.福州:福建教育出版社,1995

谢媛媛.我国品德测评方法的回顾与反思.重庆教育学院学报,2008(2):115—118

辛涛.新课程背景下的学业评价:测量理论的价值.北京师范大学学报(社会科学版),2006

许建铖等.国际教育百科丛书——教育测量与评价.北京:教育科学出版社,1992

研制《体育与健康课程标准》项目组.《体育与健康课程标准》与现行体育教学大纲的主要不同之处.课程教材教学研究,2002(Z1)

杨慧."多元智能"视野下的学生评价.现代教育科学,2004(1):27—30

杨会萍,朱萌.辉煌与遗憾:新课程学生评价改革的进展状况与问题透视.当代教育论坛,2007(5):71—72

姚蕾,杨铁黎.中小学体育教学评价的基本理论与实践——体育教学实用技能丛书.北京:北京体育大学出版社,2004

姚远,樊宏宇.近20年学生品德测评研究的回顾.首都师范大学学报(社会科学版),2006(1):103—107

于素梅,周立华.中学体育与健康课教学指导(新课标).北京:北京体育大学出版社,2004

张辉华,雷顺利.小学生思想品德评价标准——记上海青浦区实验小学的德育评价改革实践.中小学管理,2002(8):24—27

张其志.实施发展性品德评价应注意的问题.教育评论,2004(3):17—19

张细谦,曾怀光,韩晓东.中日美体育学习评价的比较.体育学刊,2001(6):80—83

张雨强.开放性活动质性评价量表的开发与应用.上海教育科研,2006(4):40—43

钟启泉,崔允漷,张华.为了中华民族的复兴,为了每位学生的发展:基础教育课程改革纲要(试行)解读.上海:华东师范大学出版社,2001

周登嵩.学校体育热点50问.北京:高等教育出版社,2007

朱行建.基于标准的科学课程学业考试:一种考试目标的分类框架及应用.教育科学研究,2007(10):29—32

[美]Ellen Weber 著,国家基础教育课程改革"促进教师发展与学生成长的评价研究"项目组译.有效的学生评价.北京:中国轻工业出版社,2003

Allen M J, Yen W M. *Introduction to Measurement Theory*. Long Grove IL：Waveland, 2002

Black J, Puckett M B. *Authentic assessment of the young child：celebrating development and learning*. New Jerscy：Merrill, 2000,206

Gardner H. *Frames of mind：The theory of multiple intelligences*. New York：Basic Books, 1983

Gardner H. *Multiple intelligences：The theory in practice*. New York：Basic Books,1993

Vygotsky L S. *Thinking and speech*. In：Rieber R W. The collected works of L S. Vygotsky. New York and London：Plenum Press, 1987

图书在版编目（CIP）数据

学生评价的原理与方法 / 张敏主编. —杭州：浙
江大学出版社，2011.8(2025.7 重印)

ISBN 978-7-308-08963-0

Ⅰ.①学… Ⅱ.①张… Ⅲ.①学生－教育评估 Ⅳ.
①G449.7

中国版本图书馆 CIP 数据核字（2011）第 157959 号

学生评价的原理与方法

张　敏　主编

责任编辑	徐素君
封面设计	姚燕鸣
出版发行	浙江大学出版社
	（杭州市天目山路 148 号　邮政编码 310007）
	（网址：http://www.zjupress.com）
排　　版	杭州青翊图文设计有限公司
印　　刷	杭州钱江彩色印务有限公司
开　　本	710mm×1000mm　1/16
印　　张	9
字　　数	167 千
版 印 次	2011 年 8 月第 1 版　2025 年 7 月第 8 次印刷
书　　号	ISBN 978-7-308-08963-0
定　　价	28.00 元